心一堂當代術數文庫　占筮類

象數易──六爻透視：
入門與推斷（修訂版）

愚人　著

書名：象數易 ─ 六爻透視：入門與推斷 (修訂版)
系列：心一堂當代術數文庫・占筮類
愚人　著
責任編輯：陳劍聰

出版：心一堂有限公司
通訊地址：香港九龍旺角彌敦道六一〇號荷李活商業中心十八樓〇五-〇六室
深港讀者服務中心：中國深圳市羅湖區立新路六號羅湖商業大廈負一層008室
電話號碼：(852) 67150840
網址：publish.sunyata.cc
電郵：sunyatabook@gmail.com
網店：http://book.sunyata.cc
淘宝店地址：https://shop210782774.taobao.com
微店地址：https://weidian.com/s/1212826297
臉書：https://www.facebook.com/sunyatabook
讀者論壇：http://bbs.sunyata.cc

香港發行：香港聯合書刊物流有限公司
香港新界大埔汀麗路36號中華商務印刷大廈3樓
電話號碼：(852)2150-2100　傳真號碼：(852)2407-3062
電郵：info@suplogistics.com.hk

台灣發行：秀威資訊科技股份有限公司
地址：台灣台北市內湖區瑞光路七十六巷六十五號一樓
電話號碼：+886-2-2796-3638　傳真號碼：+886-2-2796-1377
網絡書店：www.bodbooks.com.tw

台灣國家書店讀者服務中心：
地址：台灣台北市中山區二〇九號1樓
電話號碼：+886-2-2518-0207
傳真號碼：+886-2-2518-0778
網址：www.govbooks.com.tw

中國大陸發行 零售：深圳心一堂文化傳播有限公司
地址：深圳市羅湖區立新路六號羅湖商業大廈負一層008室
電話號碼：(86)0755-82224934

版次：二零一七年十二月初版

平裝

定價：港幣　　一佰三十八元正
　　　新台幣　五佰五十元正

國際書號　978-988-8317-92-9

心一堂微店二維碼 　　心一堂淘寶店二維碼

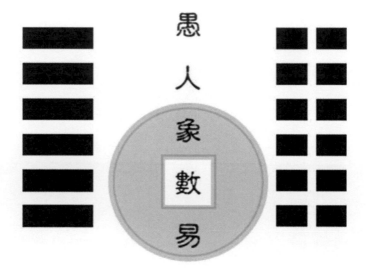

自序

　　自少喜歡鑽研術數，或許不少人認為這是迷信，但筆者不敢
苟同。每門術數，已動輒歷數百年之久，如用「迷信」兩字來形
容，未免過於草率。數十年來，筆者不斷鑽研「術數」，從不同
事例中，均可印証其無誤，有一些事情，亦克應在自己的身上。

　　二千年初，筆者用紫微斗數為自己推算，得知零六、零七兩年，
事業上有破敗的迹象。筆者從事轉口貿易生意，零五年至零六年
初，生意不斷增長，賺了不少錢，當時筆者不敢貿然增加人手，
只縮短自己的休息時間，盡力完成工作。熟料零六年八月，當所
有聖誕物品已付運後，因顧客被他的某大客戶拖欠貨款，使公司

倒閉，銀行沒收他所有資產，筆者因此損失三百多萬港圓。後來，那位顧客得到父母的支持，成立新公司，他又找筆者合作，再戰江湖。本來一帆風順，無奈美國由次按引發雷曼問題而致金融風暴，接著是歐洲債務危機，困擾全球經濟，訂單銳減；加上其他客戶財政相繼出現問題，不是結業，便是被合併。由零六下半年起，筆者的事業每況愈下，可以說是筆者人生中最黑暗的時期。

筆者慶幸透過紫微斗數得知運程的走勢。筆者在拼搏之餘，亦留了一手準備，才不至多年的經營，被連根拔起。〈易卦〉所說：「知變而識變」，這便是學「術數」的正確態度。

經此一役，我更深切體會術數的奇妙，我拆局變招，積極面對困難，重新輕裝上路。現在，我的生意再穩定下來了，但是，近年來在事業上的跌宕，令我身心皆疲。經歷了長時間的無助與無奈，我思想起了變化，心境變得平靜，且開始思考人的存在價值。誰也知「人生短暫」，轉眼數十年，能不愁吃住，已是福份，何須強求名利財富呢？ 今日我珍惜所有，做自己喜歡的事。期望與同好分享我對「術數」的些微心得，藉此會友。

回想零七年安陽之旅，令我感觸良多！ 安陽有易都之名，易卜之術，應大行其道，誰不知易卜只是幌子，術者連裝卦也裝錯，真令人哭笑不得！ 基本上，他們只靠一些面相和掌相的皮毛知識，吹噓一番而已。我嘗試走訪不同攤檔，發覺他們的運作模式，如出一轍。莫非易卦之術，已在安陽無聲無息地消失？自此，本人逐步整理手上的易卜資料。正值歐美經濟不景，事業並無大進展，正好利用此空檔，加快步伐，將資料整理，結集成書。

　　雖然我醉心於命理之術，但卻從不以此為生。今天成書，屬意料之外。人生的確很奇怪，以往無心播下種子，沒料到有開花之日。一切看似不經意，又好像萬事萬物已在運轉中。俗語有云：「無心插柳柳成蔭」，這正是我此刻的寫照。

前言

　　用卦十多年，常為人占算，近年來發現，在姻緣卦或事業卦中，常常出現「子卯刑」、「酉戌穿」等組合，這種現象，相信與現今社會的文化和道德觀念有關，一切皆在變、變、變，人們所追求的慾望，只求剎那間之滿足；或為求達至目的而不擇手段，莫不是這一代之反映？

　　但從另一角度看，「象數易」並不是呆板之術，它能隨著時間之變遷，按照年代之實況，得出相應之卦象，其特有的功能，相信只有習易卦的朋友，才能心領神會。故此，筆者深信，「象數易」仍有很大的發展空間。不少用卦之人，仍然喜歡手執卜筮古本，奉為祕笈，囫圇吞棗，硬將實例套回古本口訣之中，並且引為一大快事。此等行徑，無疑是易卦發展的羈絆。倘若大家能同心合力，將爻象的意義更新，相信集腋可以成裘，定可將術數之準確程度，大大提高。「象數易」非空談之術，能摸通六爻脈絡，懂其有情與無情，卦中關鍵，亦在此矣！

　　一有空暇，筆者便會翻看不同的易卜著作，大部份內容，都艱深難明，閱後常感凌亂，易墮五里霧裡，方向頓失。此類書籍，無論內藏多少玄機，對初學者而言，只使他們舉步維艱，妨礙踏進易卦之門！

　　筆者研究術數三十餘年，深感學習之難，在於前人喜歡守秘，往往將資料和步驟都編得散亂。每每花上一段很長的時間，才能掌握入門基礎，再深入鑽研，又要用上相當時日。學術數者如沒

有恆心與耐性，在未明當中竅門前已洩氣。筆者很想將易卦推廣普及，要達此目的，必須有一套簡潔易明的入門書。有見及此，筆者花上三年多光陰，耗費不少心力，終於編成《象數易入門及推斷技巧》一書。筆者運用深入淺出的方法，務使讀者易於明瞭箇中關鍵，免得如筆者曾走過不少的冤枉路，從而早日領悟及發揮「象數易」的奧妙之處。冀望有志於「象數易」的朋友，能藉此書提供之資料，作為入門的階梯，並繼續發揚和推廣這門術數，這是筆者的小小心願！

「象數易」之名由來

　　「象數易」之名，應該始於漢代。易卜之術，派系繁多，不過，它們用的起卦方式，基本上是相同的，均取三個銅錢在容器內翻動，得爻而成卦成象，以作推斷。

　　任何易卜，皆由《易經》發展出來的，因此，《易經》有羣經之首的稱號。《易經》能助人仰觀天文，俯察地理，中通萬物，更能探索天際，洞悉人生之變化，其學之廣、之深、之玄，確實令人拜服！

　　簡略而言，易卦的發展，可分為兩方面，即「義理易」和「象數易」。由伏羲畫八卦，以象徵宇宙萬物，至周文王被囚禁於羑里期間，推演六十四卦開始，易卜之術，從而確立，因此易卦亦稱為「文王卦」。易學發展至漢代，分為兩支。其一是「義理易」，按孔子所著的十翼為主旨，闡明人事義理，著重於個人之心性修養；其二是「象數易」，應用於數術方面，以占驗為主，所重者在「術」。當時著名的易學家，繼有孟喜、焦延壽、京房等人。其中以京房在「象數易」中的改革，對易卦的發展影響深遠。他重定卦爻與五行的配合，以八宮卦變為本，繫以世應、飛伏、六親、六神、納甲等名目，從重重疊疊的關係中，判斷人事，成為嶄新的易卜體系。「義理易」和「象數易」兩者看似不同，其實可互補長短，不應偏廢。

　　一般人認識的文王卦、金錢卦、六爻預測和象數易等，全部可以歸納在易卦之內。只因各派傳授不同，在推斷法則上亦有異

同，不過一切應以徵驗為準，這樣易卦的迷霧，自可揭開。

驟看「象數易」之名確有點怪，其名之由來，實與卦中之六獸（古稱六神）有關，所謂「六爻辨象」，是以六獸之特徵，配對在人與物上，使推斷時，一切便呈現出一幅立體圖案，這正是這門術數的特點。

筆者所學的「象數易」，乃傳承自京房一派，以先天本卦為體，後天動爻變化為用，從卦象中的飛神、六親、六獸，來捕捉人、物、事在時空運行中的潛在信息。大道雖無形，而世間萬物，卻是有迹可尋，可憑易卜之法，得知人生之起落、事業之成敗、婚姻之離合等，一切盡在「象數易」之中，故學之有益也！

愚者不愚，
愛惡隨心，
樂天而知命！

賢者皆賢，
廉潔立身，
正大而光明！

目錄

【一】裝卦法

任何術數，必須起出星盤，才能運用盤內資料，進行推斷及預測。易卦也不例外，也要先定立卦象，否則，無從入手推算。裝卦的步驟，因門派不同，時有加減。曾見一些前輩，只排飛神、世應，便能作出論斷；也見一些攤位術士，除裝上飛神、世應外，還配上六親，他們解說得頭頭是道，其準確程度如何，筆者無法得以印証。

筆者所習之「象數易」，在裝卦上，較為完善，先有飛神、六親、六獸，後上世應、卦身、旬空，兼定爻動六親，如此種種，看上來十分繁複，實質每項在推斷時，各具深意。因此，筆者建議有志於易卦的朋友，應熟習裝卦程序，若能了然於胸，無論在任何環境之下，只要手中有三個銅錢和一個器皿，便可隨時隨地，隨手卜卦。

當熟習裝卦程序，運用得宜，用卦便能輕鬆自在。筆者可打趣地說：

三個銅錢在手中，
得爻成卦卦象從，
橫行直行皆是路，
千言萬語在其中。

1》起卦日期

　　任何易卦，起卦的日期是非常重要的，因為「日辰為六爻之主宰」，日辰對卦中六爻，既可扶，可助，也可剋，可破，真的如古書所言，主宰一切。

　　易卦所用的曆法，以陰曆為準。還有一些讀者，仍未知道怎樣用西曆換算陰曆，其實，換算方法十分簡單。首先，讀者們手中必需有一本通書或一本萬年曆，找出起卦當天日期，在靠下位置，便可得知陰曆中的年、月、日之天干和地支。現在，有些網址也可提供免費的換算服務，真是方便得很。

　　例如男占事業，其起卦日期為：
　　西曆：2012 年 7 月 14 日
　　陰曆：壬辰年丙午月丙子日

　　又例如女占姻緣，起卦日期為：
　　西曆：2012 年 7 月 17 日
　　陰曆：壬辰年丙午月己卯日

　　若將日期寫在格式之內，看起來便更清楚。

西曆：	2012年	7月	17日
陰曆：	壬辰年	丙午月	己卯日

2》定占問題目

　　心有疑難，才來問卜，所以，占問一定有題目，如占姻緣，占事業，占財運，占家宅等等。

　　而占算方面，皆以第一身來占問，因此，在占問一欄，便應寫上李小姐占家宅、陳先生占事業、方老伯占財運等諸如此類的題目。

　　如下例，C先生占工作變動

西曆：	2012年	7月	17日
陰曆：	壬辰年	丙午月	己卯日
占問：	C先生占工作變動		

3》求卦

　　求卦是一個過程，它需要一些輔助工具，幫助求卦者得出六個爻辰，將它組成一卦，合成一象，才可作出推斷。

【求卦的工具】

　　開卦所需要的工具十分簡單，一般只有五種：

1.　卦筒一個：可以是龜殼、竹筒、或有蓋的容器，內裡有足夠的空間給三個銅錢翻動便可。

2.　銅錢三個：一般用清朝仿製的銅錢，亦可用現今的硬幣，只要分清「字」、「背」兩面使用。

3.　碟子一個：任何材料的碟子均可，其主要作用，是將從卦筒倒出來的三個銅錢盛載著。

4.　卦紙一張：可打印出來，或白紙一張也可以。

5.　流年通書：主要用來查出當天的年、月、日的天干地支，用萬年曆亦可。

【卜卦注意事項】

· 占卦時，要心神平靜，才可得卦象清晰。

· 避免在子時占卜，因為此時辰橫跨兩天，取哪天日辰判卦，會成爭拗點。

· 起卦以每月之初一為該月之始。

· 飲酒後，人的思維不清，出卦有偏或卦象凌亂，不宜占。

· 非法之事不可占。若強行占算，卦象亦不準。

【求卦程序】

　　一切準備好，便收斂心神，依下列程序求卦。

1〉先收攝心神，將要開卦的題目默念一次；

2〉接著拿起卦筒，將卦筒斜放大約 60－65 度；

3〉每次搖三下，並將銅錢倒在碟子上；

4〉據三個銅錢「字」與「背」的組合，來定「單、拆、重、交」；

5〉上卦是由下而上的，所以是由初爻起向上排；

6〉搖三下，便成初爻，再搖三下，便成二爻，又再搖三下，
　　便成三爻，是為『下卦』；稍停 3-5 秒，重覆這動作，
　　便取得四爻、五爻、上爻，是為『上卦』。

7〉下卦與上卦便成象，卜者便可進行裝卦步驟。

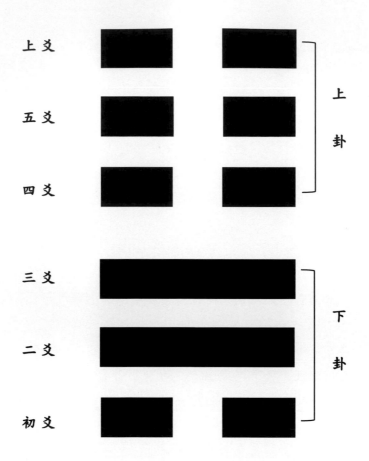

【什麼是「單、拆、重、交」】

　　占卦者求卦，搖動卦筒，倒出來的銅錢，不外乎得出「單、拆、重、交」四個組合，並給與它們不同的符號—「爻」，以三爻而成一卦。銅錢有兩面，寫了文字（如：康熙通寶），稱為「字」；而另一面只有圖案，稱為「背」。

字　　　　　　　　　背

「單、拆、重、交」四個組合

兩個字一個背，為「陽爻」，寫成「I」，稱為「單」

兩個背一個字，為「陰爻」寫成「II」，稱為「拆」

三個背，為「陽爻」，寫成「0」，稱為「重」

三個字，為「陰爻」，寫成「X」，稱為「交」

「單、拆、重、交」的爻辰含意

- 單、拆兩爻是靜爻，事情處於靜止狀態，要待時空轉移，才能出現變化。

- 重爻、交爻是動爻，發動的爻，即占問的事情發展的狀態，但時間上亦有先後之分。

- 重爻「O」是表示事情已發生或正在進行中；交爻「X」則表示事情將會發生。

- 簡單來說，三個銅錢得出一爻，三爻而立一卦，兩卦（上卦和下卦）而成一象。

- 據象便可進行推斷。

【得卦成象】

　　以 C 先生占工作變動為例，下卦拆（II）、單（I）、拆（II），為坎卦；上卦交（X）、交（X）、單（I），為艮卦。

　　從〔六十四卦表〕中，便查知『艮』是（上卦）和『坎』是（下卦）。得「山水蒙」卦象，它寄於離宮中第五卦。因四爻和五爻交動，再動化而成「天水訟」卦象，此卦已轉入離宮中的第七卦。

西曆：		2012	年		7	月		17	日
陰曆：		壬	辰	年	丙	午	月	己	卯	日

占問：	C先生占 工作變動

得卦：	山水蒙 (離5) 化 天水訟(離7)

卦身：					旬空：					
卦爻	六獸	六親	卦象	飛神		伏神			變卦	後六親
上爻			\							
五爻			X							
四爻			X							
三爻			\\							
二爻			\							
初爻			\\							

【六十四卦表】

兌（澤）	坤（地）	離（火）	巽（風）	震（雷）	艮（山）	坎（水）	乾（天）	首卦八卦
兌為澤	坤為地	離為火	巽為風	震為雷	艮為山	坎為水	乾為天	第一卦
澤水困	地雷復	火山旅	風天小畜	雷地豫	山火賁	水澤節	天風姤	第二卦
澤地萃	地澤臨	火風鼎	風火家人	雷水解	山天大畜	水雷屯	天山遯	第三卦
澤山咸	地天泰	火水未濟	風雷益	雷風恆	山澤損	水火既濟	天地否	第四卦
水山蹇	雷天大壯	山水蒙	天雷无妄	地風升	火澤睽	澤火革	風地觀	第五卦
地山謙	澤天夬	風水渙	火雷噬嗑	水風井	天澤履	雷火豐	山地剝	第六卦
雷山小過	水天需	天水訟	山雷頤	澤風大過	風澤中孚	地火明夷	火地晉	第七卦
雷澤歸妹	水地比	天火同人	山風蠱	澤雷隨	風山漸	地水師	火天大有	第八卦

4》安世應

　　『世』的位置，是按得出之卦象寄居某宮的第次來裝上的。

第一卦在上爻

第二卦在初爻

第三卦在二爻

第四卦在三爻

第五卦在四爻

第六卦在五爻

第七卦在四爻

第八卦在三爻

　　取乾卦為例，乾宮第一卦『世』位在上爻，二卦在初爻，三卦在二爻……如此類推，八宮皆然。

乾 1 在上爻

乾 2 在初爻

乾 3 在二爻

乾 4 在三爻

乾 5 在四爻

乾 6 在五爻

乾 7 在四爻（游魂卦）

乾 8 在三爻（歸魂卦）

　　『世』位既定，隔兩空位，便是安『應』的位置，若世在上爻，應在三爻；世在二爻，應在五爻。

　　世在第七卦，名「游魂卦」，主當事人內心猶豫不定，未能拿定主意。世在第八卦，名「歸魂卦」，不利出行。

〔八宮定世簡圖〕

　　乾、坎、艮、震、坤、離、巽、兌八宮，各宮的『世』位排列是相同的。

　　下圖是將八宮按每卦的第次，順序排成安『世』簡表，相信有助初學者記憶。若能將它熟習，不但可避免定錯世應位置，也可有助判卦。

卦爻	卦象
上爻	I　　（1）
五爻	II　　（6）
四爻	I　　（5）、（7）
三爻	I　　（4）、（8）
二爻	II　　（3）
初爻	I　　（2）

　　續以 C 先生占工作變動為例。「山水蒙」卦象,它寄於離宮中第五卦,即離 5。按〔八宮定世簡圖〕,離 5 在四爻位置安世,相隔兩位便安應,因此,應在初爻。

西曆:		2012		年		7	月		17	日
陰曆:		壬	辰	年	丙	午	月	己	卯	日
占問:	C先生占 工作變動									
得卦:	山水蒙 (離5) 化 天水訟(離7)									
卦身:					旬空:					
卦爻	六獸	六親	卦象	飛神		伏神			變卦	後六親
上爻			\							
五爻			X							
四爻			X							
			世							
三爻			\\							
二爻			\							
初爻			\\							
			應							

5》上飛神

上飛神，又稱為納地支。卦中飛神，以十二地支組成－子、丑、寅、卯、辰、巳、午、未、申、酉、戌、亥

> 屬陽地支，順時針而行；
>
> 屬陰地支，逆時針而去。

能知其順行逆行，即知卦中陰陽。

飛神的排列，是由下而上，先裝下卦，再安上卦。

上卦、下卦的地支，可從〔飛神排列表〕中查得。

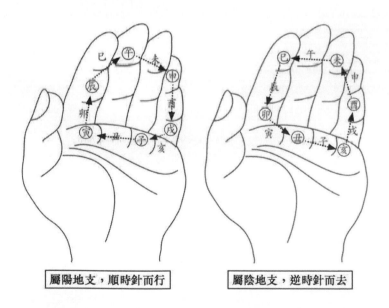

屬陽地支，順時針而行　　屬陰地支，逆時針而去

〔八宮飛神掌訣〕

　　筆者曾習玄空飛星，對八卦的了解，比較深刻。八卦中，「乾、坎、艮、震」四卦屬陽卦，卦納陽支；「巽、離、坤、兌」四卦為陰卦，卦納陰支。因此我便將八卦套入掌中，每卦配以下卦初爻的飛神地支。陽卦地支，（隔位）順時針而行，陰卦地支，（隔位）逆時針而去，這樣，我們便可利用掌中八卦配對，簡易地排出六爻。在古代，相信這套自創掌訣，一定被視為不傳之秘。

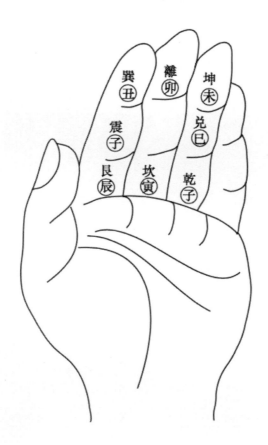

以艮宮第三卦「山天大畜」為例，即下卦為乾，上卦為艮，由初爻起向上排。

下卦為乾卦，屬陽，初爻起子，順行，即初爻為「子」、二爻為「寅」、三爻為「辰」；

上卦為艮卦，下卦初爻起辰，上卦取其六沖地支「戌」，屬陽，順行，因此，四爻為「戌」、五爻為「子」、上爻為「寅」。

「山天大畜」由初爻起的排列是「子、寅、辰、戌、子、寅」。

又以震宮第六卦「水風井」為例，下卦為巽，上卦為坎，由初爻起向上排。

下卦為巽卦，屬陰，初爻起丑，逆行，即初爻為「丑」、二爻為「亥」、三爻為「酉」；上卦為坎卦，下卦初爻起寅，上卦取其六沖地支「申」，屬陽，順行，因此，四爻為「申」、五爻為「戌」、上爻為「子」。

「水風井」由初爻起的排列是「丑、亥、酉、申、戌、子」。為方便讀者對照，在下面，也提供飛神排列表。

〔飛神排列表〕

八卦：	下　卦	上　卦
乾卦：	子、寅、辰	午、申、戌
坎卦：	寅、辰、午	申、戌、子
艮卦：	辰、午、申	戌、子、寅
震卦：	子、寅、辰	午、申、戌
巽卦：	丑、亥、酉	未、巳、卯
離卦：	卯、丑、亥	酉、未、巳
坤卦：	未、巳、卯	丑、亥、酉
兌卦：	巳、卯、丑	亥、酉、未

　　續以 C 先生占工作變動為例，「山水蒙」卦象。下卦為坎，為陽，初爻起「寅」，排列為「寅、辰、午」；上卦為艮，為陽，初爻起「辰」，上卦四爻是初爻「辰」的對沖地支「戌」，排列為「戌、子、寅」。

西曆:		2012	年		7	月		17	日
陰曆:		壬	辰	年	丙	午	月	己	卯	日
占問:		C 先生 占 工作變動							
得卦:		山水蒙 (離5) 化 天水訟(離7)							
卦身:					旬空:				
卦爻	六獸	六親	卦象	飛神		伏神		變卦	後六親
上爻			\	寅					
五爻			X	子					
四爻			X	戌					
			世						
三爻			\\	午					
二爻			\	辰					
初爻			\\	寅					
			應						

6》安伏神

　　每支卦，必須金、水、木、火、土五行齊全，才算成卦成象。若然五行不齊，便要尋找所欠五行－伏神。

　　以Ｃ先生占工作變動為例，「山水蒙」是離宮第五卦，排飛神後，便看看五行是否齊全，此卦獨欠「金」，便從離宮找出「伏神」。

　　離宮地支排列－卯（初爻）、丑（二爻）、亥（三爻）、酉（四爻）、未（五爻）、巳（上爻）。

　　因此，四爻伏神位置填上「酉」金，此時，五行便齊全了。

西曆：		2012	年		7	月		17	日
陰曆：	壬	辰	年	丙	午	月	己	卯	日
占問：	C先生占 工作變動								
得卦：	山水蒙 (離5) 化 天水訟(離7)								
卦身：				旬空：					

卦爻	六獸	六親	卦象	飛神		伏神			變卦	後六親
上爻			\	寅						
五爻			X	子						
四爻			X	戌		酉				
			世							
三爻			\\	午						
二爻			\	辰						
初爻			\\	寅						
			應							

7》配六親

以八宮五行跟飛神地支五行相生相剋，得出六爻所配的六親。

口訣：

> 我生者為子孫
> 生我者為父母
> 我剋者為妻財
> 剋我者為官鬼
> 同我者為兄弟

六親即：

> 父母爻（簡稱：父爻）、
> 子孫爻（簡稱：子爻）、
> 兄弟爻（簡稱：兄爻）、
> 官鬼爻（簡稱：官爻）、
> 妻財爻（簡稱：財爻或才爻），
> 和問事人自己。

　　以卦象「地火明夷」為例：

　　「地火明夷」是坎宮第七卦，而坎宮卦氣，五行屬水。
飛神排列，由下卦和上卦組成。下卦是「卯、丑、亥」，上卦是
「丑、亥、酉」。

〔下卦配六親〕

　　下卦是「卯、丑、亥」，相應坎宮卦氣「水」，便得出其六
親配對

- 初爻卯木，得坎宮「水」來生，據口訣【我生者為子孫】，
  初爻便配以「子爻」；
- 二爻丑土，土剋坎宮「水」氣，據口訣【剋我者為官鬼】，
  二爻便配以「官爻」；
- 三爻亥水，與坎宮「水」同氣，據口訣【同我者為兄弟】，
  三爻便配以「兄爻」。

〔上卦配六親〕

上卦是「丑、亥、酉」，相應坎宮卦氣「水」，也可得出其六親配對。

- 四爻丑土，土剋坎宮「水」氣，據口訣【剋我者為官鬼】，四爻便配以「官爻」；
- 五爻亥水，與坎宮「水」同氣，據口訣【同我者為兄弟】，五爻便配以「兄爻」；
- 上爻酉金，金生坎宮「水」氣，據口訣【生我者為父母】，上爻便配以「父爻」。

〔伏神配六親〕

因為飛神五行欠火，要在三爻飛神的右方，裝上伏神「午」火，伏神的六親取法，與飛神相同。

伏神午火，被坎宮「水」來剋，據口訣【我剋者為妻財】，伏神便配以「財爻」。

依以上步驟，卦中六爻和伏神的六親，便一一得以相配。

續以Ｃ先生占工作變動為例，山水蒙是『離宮』第五卦。

下卦為坎，飛神是「寅、辰、午」，相應離宮卦氣「火」，六親配對：

初爻寅木，木生離宮「火」氣，據口訣【生我者為父母】，初爻便配以「父爻」；

二爻辰土，得離宮「火」來生，據口訣【我生者為子孫】，二爻便配以「子爻」；

三爻午火，與離宮「火」同氣，據口訣【同我者為兄弟】，三爻便配以「兄爻」。

上卦為艮，飛神是「戌、子、寅」，相應離宮卦氣「火」，其六親配對：

四爻戌土，得離宮「火」來生，據口訣【我生者為子孫】，四爻便配以「子爻」；

五爻子水，剋制離宮「火」氣，據口訣【剋我者為官鬼】，五爻便配以「官爻」；

上爻寅木生離宮「火」氣，據口訣【生我者為父母】，上爻便配以「父爻」。

伏神酉金，被離宮「午」來剋，據口訣【我剋者為妻財】，伏神便配以「財爻」。

依此得出所有六親，如後表所示。

配六親

西曆：		2012	年		7	月		17	日
陰曆：		壬	辰	年	丙	午	月	己	卯	日
占問：		C先生占 工作變動								
得卦：		山水蒙 (離5) 化 天水訟(離7)								
卦身：					旬空：					

卦爻	六獸	六親	卦象	飛神		伏神			變卦	後六親
上爻		父	\	寅						
五爻		官	X	子						
四爻		子	X	戌		酉	財			
			世							
三爻		兄	\\	午						
二爻		子	\	辰						
初爻		父	\\	寅						
			應							

8》安六獸

　　六獸是『青龍、朱雀、勾陳、螣蛇、白虎、玄武』，它們的排列，是根據起卦當日的天干來定的。除了中央土「戊」、「己」兩天干各配一獸外，其餘四獸，便分別落在甲乙、丙丁、庚辛、壬癸每組的天干上。

　　六獸的排列，亦由初爻而上，以起卦當天的天干，來定初爻取某一獸作起步。口訣：

<blockquote>
甲乙青龍配；
丙丁朱雀持；
戊土勾陳住；
己土螣蛇纏；
庚辛白虎出；
壬癸玄武藏。
</blockquote>

舉例 – 丙寅日據口訣「丙丁朱雀持」，
即初爻起朱雀，向上順排。

上爻：青龍
五爻：玄武
四爻：白虎
三爻：螣蛇
二爻：勾陳
初爻：朱雀

再舉一例 – 辛未日據口訣「庚辛白虎出」，
即初爻起白虎，向上順排。

上爻：螣蛇
五爻：勾陳
四爻：朱雀
三爻：青龍
二爻：玄武
初爻：白虎

續以 C 先生占工作變動為例

己卯日起卦，據口訣「己土騰蛇纏」，初爻由騰蛇起向上排，二爻「白虎」，三爻「玄武」，四爻「青龍」，五爻「朱雀」，上爻「勾陳」。

西曆:	2012		年		7	月		17	日
陰曆:	壬	辰	年	丙	午	月	己	卯	日
占問:	C先生占 工作變動								
得卦:	山水蒙 (離5) 化 天水訟(離7)								
卦身:				旬空:					

卦爻	六獸	六親	卦象	飛神		伏神			變卦	後六親
上爻	勾	父	\	寅						
五爻	朱	官	X	子						
四爻	龍	子	X	戌		酉	財			
			世							
三爻	玄	兄	\\	午						
二爻	白	子	\	辰						
初爻	蛇	父	\\	寅						
			應							

9》安卦身

卦身為問事的主體，所謂主體，其實可視之為事情的中心點。卦身可在卦內，也可以在卦外。若卦身不在卦內，稱為卦身不上卦，表示占問的事，未有定向。有時會出現卦身兩現，或卦身三現，甚至卦身四現，此刻的卦身，非欠方向，而是所占問的事情，正處於極難取捨的狀態。

起卦身的方法，其實十分簡單。口訣：

先定世爻陰與陽，
由初至世分兩行，
陽爻子起陰午揚，
卦身定位不相忘。

先定世爻是屬陽爻還是屬陰爻，由初爻數起，陽爻由「子」起，陰爻由「午」生，順數至世位，其地支即為卦身。

世爻為「陽」：「I」、「O」由子、丑、寅、卯、辰、巳順數至世位。

世爻為「陰」：「II」、「X」由午、未、申、酉、戌、亥順數至世位。

例1：

卦爻	卦象
上爻	I
五爻	II
	應
四爻	II
三爻	I
二爻	I
	世
初爻	I

　　世是單「I」，屬「陽」，在二爻，由初爻「子」起數，二爻是「丑」，卦身便在「丑」。

例 2：

卦爻	卦象
上爻	I
五爻	X
	世
四爻	I
三爻	II
二爻	II
	應
初爻	I

　　世是交「X」，屬「陰」，在五爻，由初爻「午」起數，數至五爻是「戌」，卦身便在「戌」。

續以 C 先生占工作變動為例

世是交爻〔X〕在四爻上，交爻屬陰，初爻由「午」起數，數至世位。即初爻起「午」，二爻為「未」，三爻為「申」，四爻（世位）為「酉」，所以卦身便在「酉」。

西曆：	2012		年		7	月		17	日
陰曆：	壬	辰	年	丙	午	月	己	卯	日
占問：	C先生占 工作變動								
得卦：	山水蒙 (離5) 化 天水訟(離7)								
卦身：	酉				旬空：				

卦爻	六獸	六親	卦象	飛神		伏神			變卦	後六親
上爻	勾	父	\	寅						
五爻	朱	官	X	子						
四爻	龍	子	X	戌		酉	財	身		
			世							
三爻	玄	兄	\\	午						
二爻	白	子	\	辰						
初爻	蛇	父	\\	寅						
			應							

47

10》安旬空

　　不是每支卦都有旬空出現。天干十日為一旬。天干十而地支十二，其數不同，當十天干至「癸」干盡，必餘下兩地支，這兩地支，便稱為旬空。旬空又名空亡，所以，有時爻辰持旬空，占者便稱之為落空亡。

　　十天干：　甲 乙 丙 丁 戊 己 庚 辛 壬 癸
　　十二地支：子 丑 寅 卯 辰 巳 午 未 申 酉 戌 亥

　　若以甲子起相配，數至癸酉，十天干盡，餘下戌、亥兩地支，「戌、亥」便落旬空。

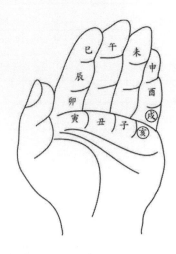

例 3：

　　占卦日期 ─ 辛卯年壬辰月壬寅日

　　由「壬寅」起去數，下一個是「癸卯」，十天干便完，地支「辰」、「巳」便配不到天干，是為「旬空」。

　　由天干：壬　癸　（空）　（空）
　　　地支：寅　卯　　辰　　　巳

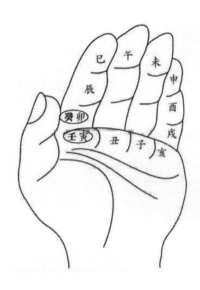

　　若用十二地支掌法，壬干落寅位，癸干必在卯位。天干完，隨後兩地支「辰」、「巳」是入空亡，此法十分簡便。

續以 C 先生占工作變動為例

占問當天是己卯日。由己卯開始，數至癸干，即己卯、庚辰，辛巳，壬午，癸未，十天干便完，「申、酉」兩地支已配不到天干，落入旬空。

西曆：		2012		年		7	月		17		日
陰曆：		壬	辰	年	丙	午	月	己	卯		日

占問：	C先生占 工作變動
得卦：	山水蒙 (離5) 化 天水訟(離7)

卦身：	酉		旬空：	申、酉

卦爻	六獸	六親	卦象	飛神		伏神			變卦	後六親
上爻	勾	父	\	寅						
五爻	朱	官	X	子						
四爻	龍	子	X 世	戌		酉	財	身空		
三爻	玄	兄	\\	午						
二爻	白	子	\	辰						
初爻	蛇	父	\\ 應	寅						

11》變卦及後六親

當爻辰一經發動，卦象亦隨之而變。因為爻辰發動，自然出現變卦及後六親，變卦的飛神，究竟如何決定後六親？坊間一般用法，均以原卦的卦氣來定後六親，而筆者所學，是採用變卦後的八宮卦氣，基本上，彼此會出現不同的後六親。

例 4：A 小姐占事業

占出的卦象是「巽為風」化「火風鼎」，當我們上六親時，要分開原卦（本卦）和變卦。

原卦是「巽為風」，為巽宮第一卦，其宮卦氣為「木」，所以，原卦的六親是：

上爻：木與「卯」木同，為「兄」
五爻：木生「巳」火，為「子」
四爻：木剋「未」土，為「財」
三爻：木被「酉」金剋，為「官」
二爻：木得「亥」水生，為「父」
初爻：木剋「丑」土，為「財」

變卦化「火風鼎」，是離宮第三卦，其宮卦氣為「火」，因此，後六親就與原卦不同。

· 四爻化酉金，被火所剋，因我剋為財，所以後六親便是「財」；
· 五爻化未土，為火來生，因我生為子，所以後六親便是「子」。

續以 C 先生占工作變動為例

「山水蒙」化「天水訟」，動化後仍然是離宮。此卦同是四爻及五爻發動，原卦六親與後六親同受離宮卦氣，基本上，五行配出的六親是相同的。四爻化午火，與離宮卦氣相同，因同我為兄，所以後六親便是「兄」；五爻化申金，為火來剋，因我剋為財，所以後六親便是「財」。

西曆：		2012	年		7	月		17	日	
陰曆：		壬	辰	年	丙	午	月	己	卯	日
占問：		C先生占 工作變動								
得卦：		山水蒙 (離5) 化 天水訟(離7)								
卦身：		酉			旬空：		申、酉			
卦爻	六獸	六親	卦象	飛神		伏神		變卦	後六親	
上爻	勾	父	＼	寅						
五爻	朱	官	X	子				申	財	空
四爻	龍	子	X	戌 世		酉	財 身空	午	兄	
三爻	玄	兄	＼＼	午						
二爻	白	子	＼	辰						
初爻	蛇	父	＼＼	寅 應						

裝卦步驟已完成。各位讀者可自行依上述次序練習卜卦和裝卦。

【二】八卦的來源及衍生

八卦由陰陽而來，陰陽卻從太極而生，追源溯始，可從無極開始理解。

《太極圖》

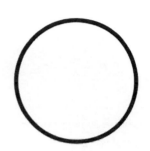

宇宙由無極之虛無，進入太極之有形，陰陽正處於混沌狀態，根本分不清陰陽，也不可能見到「陰陽魚」的出現，正確的太極圖，其實只有外面之圓圈，代表宇宙周而復始之本質。

《太極陰陽圖》

另有說法，圓圈是「無極」，圓圈內的點是「太極」，表示事情開始成形及發展，即一般人說的『太極圖』，或稱「太極兩儀圖」。太極陰陽圖，分為兩部份，一半黑一半白，黑者為陰，白者為陽，黑中一點白，白中一點黑，表示陰中有陽，而陽中亦有陰。分開黑白兩半來看，酷似兩條魚，所以俗稱為「陰陽魚」，由太極的分化過程，而形成兩儀，便是天與地。太極陰陽圖的含意，正好說明，這世界由陰陽二氣組成，一切由先天落入後天之中。

《兩儀與八卦的衍生》

兩儀既定，陰陽便可進一步展開，陰生老陰、少陽兩象，陽生老陽、少陰兩象，兩者合而成四象。

再由四象，衍生八卦，即乾、坎、艮、震、巽、離、坤、兌。

乾、坎、艮、震為陽；
巽、離、坤、兌為陰。

《八卦取象歌》

學易卦之難，難在不知如何取象。古人為了令初學者容易明白，便寫了一首八卦取象歌。以乾卦為例，三爻剛健，以象徵天，又以兌卦為例，下實而上虛，虛處可聚水，象徵沼澤，這種以卦象徵自然現象的手法，有助記憶。

讀者不妨依歌訣背誦，對日後用卦，定有幫助。

乾三連【☰】

坤六斷【☷】

震仰盂【☳】

艮覆碗【☶】

離中虛【☲】

坎中滿【☵】

兌上缺【☱】

巽下斷【☴】

《八卦配象》

八卦各配一自然現象，因而各有各所屬，各有各表徵。現詳
列各八卦配象如下：

乾為天

坤為地

震為雷

巽為風

坎為水

離為火

艮為山

兌為澤

《八卦方位及其五行》- 看八卦圖

　　象數易是取後天八卦為用，其方位與五行，均與後天八卦配合。

　　坎卦，居北方，五行屬水。

　　離卦，居南方，五行屬火。

　　震卦，居東方，五行屬木。

　　兌卦，居西方，五行屬金。

　　乾卦，居西北方，五行屬金。

　　巽卦，居東南方，五行屬木。

　　艮卦，居東北方，五行屬土。

　　坤卦，居西南方，五行屬土。

《八卦圖》

【三】五行基礎

一卦有六爻，每爻必配以一個飛神，飛神用來斷事的，而飛神之本體便是「地支」。「地支」分十二，各配一個五行，因此，學卦要先學五行，這是學卦之基礎。

1. 天干

天干有十個，即甲、乙、丙、丁、戊、己、庚、辛、壬、癸。由一陽一陰排列而成。

天干	甲	乙	丙	丁	戊	己	庚	辛	壬	癸
陰陽	陽	陰	陽	陰	陽	陰	陽	陰	陽	陰
屬性	木	木	火	火	土	土	金	金	水	水

天干除了用來找旬空和定六獸之外，在斷卦方面，根本用不著。易卦斷事，以飛神地支為主。

2. 地支

十二地支：子、丑、寅、卯、辰、巳、午、未、申、酉、戌、亥。

分佈在十二方位，亦由一陽一陰排列開來。

地支	子	丑	寅	卯	辰	巳	午	未	申	酉	戌	亥
陰陽	陽	陰	陽	陰	陽	陰	陽	陰	陽	陰	陽	陰
屬性	水	土	木	木	土	火	火	土	金	金	土	水

3. 地支的表徵

地支的功用很大，它能代表的生肖、季節、月份、節令：

地支	寅	卯	辰	巳	午	未	申	酉	戌	亥	子	丑
生肖	虎	兔	龍	蛇	馬	羊	猴	雞	犬	豬	鼠	牛
屬性	春季			夏季			秋季			冬季		
月份	正	二	三	四	五	六	七	八	九	十	十一	十二
節令	立春	驚蟄	清明	立夏	芒種	小暑	立秋	白露	寒露	立冬	大雪	小寒

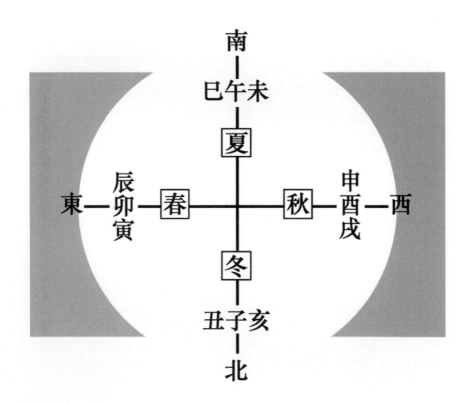

4. 地支與時間的配對

時 辰	時 間
早 子	00:00 至 01:00
丑	01:00 至 03:00
寅	03:00 至 05:00
卯	05:00 至 07:00
辰	07:00 至 09:00
巳	09:00 至 11:00
午	11:00 至 13:00
未	13:00 至 15:00
申	15:00 至 17:00
酉	17:00 至 19:00
戌	19:00 至 21:00
亥	21:00 至 23:00
夜 子	23:00 至 00:00

5. 十二地支掌訣

　　將十二地支定在掌上，只要記得「子」起的位置，每格依順時針來數，各地支的次序及方位，便瞭然於胸，十分方便快捷，讀者不妨熟記之。

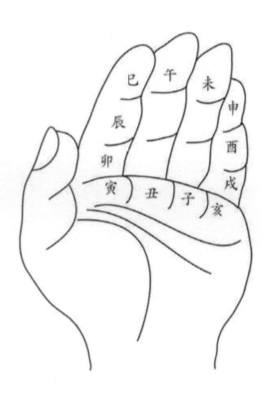

6. 五行相生及五行相剋

五行相生：

水生木、木生火、火生土、土生金、金生水。

五行相剋：

木剋土、土剋水、水剋火、火剋金、金剋木。

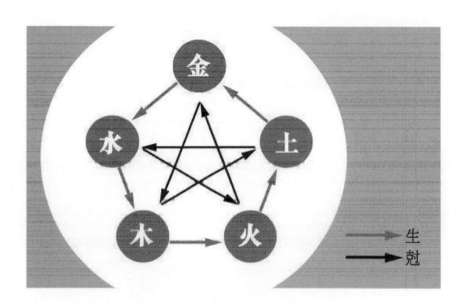

7. 五行反悔

五行相生相剋，見於自然定律。用於易卦，每有五行反悔之現象。

何謂五行反悔？簡單來說，應相生而不見生，應相剋而不見剋。

何解見此情況？因為易卦的占算，十分重於時令之變化，如春天之金、夏天之水，時令已失，其勢必頹，其力必弱，金反被木剋，而水更被蒸發，五行逆轉，故日之為「五行反悔」。

下列一表，以說明之：

土旺木衰，木受土剋。
水旺土衰，土受水剋。
火旺水衰，水受火剋。
金旺火衰，火受金剋
木旺金衰，金受木剋。

若能明白五行反悔的道理，便知道凡事不可一成不變，也不可一本通書走到老，萬事萬物，其實都存在變數，有時，推斷的關鍵，亦在此矣！

8. 地支六合

　　將十二地支分為六組，每組可另成不同的五行。「合」可看成情投意合，大家有意，互相自然有結合。一般人以合者為吉，運用在象數易上，則未必然，需按所問之課題，而作出合理的推斷。

六合配搭

子丑	合化	土
寅亥	合化	木
卯戌	合化	火
辰酉	合化	金
巳申	合化	水
午未	合化	火

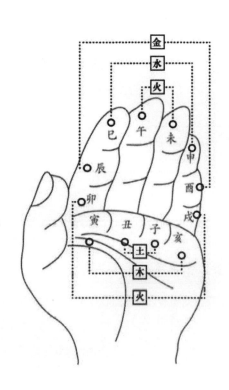

　　六合的出現，在某程度上，是加強某五行的力量。要分析六合的好壞，最基本的方法是以每組兩地支的五行來定，一般而言，相生是吉，相剋是凶。

組合的吉凶

【辰酉合】：土生金，屬五行相生，為吉。

【寅亥合】：水生木，亦屬五行相生，為吉。

【卯戌合】：木剋土，本屬五行相剋，因戌土為火土，可洩卯木
　　　　　　之氣，兩者變得溫和，其相合亦有用。

【子丑合】：土剋水，屬五行相剋，有先合後分的意思，為凶。

【午未合】：本是火土相生，但化出之五行也是火，火旺極，將
　　　　　　泥土的水份過度蒸發，令土面龜裂，視為不吉，
　　　　　　此所謂過猶不及也。因此，此組合有快合快分的
　　　　　　特性。

【巳申合】：這組合較為複雜，其相合化水，既剋巳火，也洩申
　　　　　　金之氣，具有兩敗俱傷的性質。所以，巳申合是
　　　　　　一組「合中帶刑，吉中藏凶」的組合。

六合的吉凶，大致可歸納如下：

　　　最好的合是【辰酉合】和【寅亥合】。
　　　較次的合是【卯戌合】。
　　　較差的合是【子丑合】和【午未合】。
　　　最差的合是【巳申合】。

9. 地支六沖

地支六沖，有動、有急之意。沖亦有沖破還是沖動，要看整體卦象而定。若爻與月建成六沖，稱之為「月破」。而當卦中出現六沖，占問之事，來得快，亦去得急。

很多用卦之人，逢沖必怕，見合則喜，其理解故然不確。若能懂沖之變化，便能掌握緩急之變。

六組六沖：

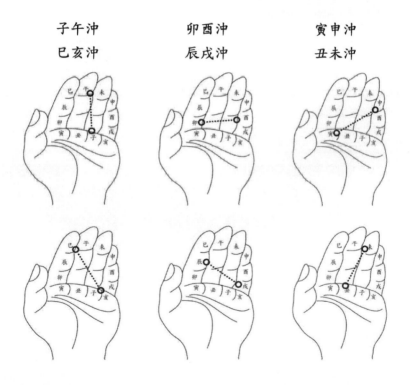

子午沖　　　卯酉沖　　　寅申沖
巳亥沖　　　辰戌沖　　　丑未沖

10. 三合會局

　　十二地支每相隔三宮位便會合，每組三個合成一個新的五行，即金、木、水、火四局。合局有加強某五行的力量。寅申巳亥為四長生位，各局由此作起點。子午卯酉為四帝旺位，即每局合成之五行。辰戌丑未為四墓庫位，有收藏之意。四組三合：

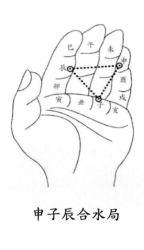

申子辰合水局

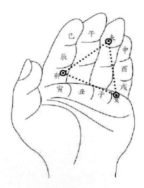

亥卯未合木局

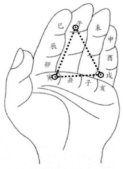

寅午戌合火局

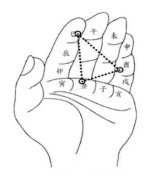

巳酉丑合金局

11. 地支相刑

相刑有刑與罰之意。

　　主犯刑法之事，或災病、痛疾等等。有時卦中見相刑，表示所問之事，較難展開。如何分辨是犯法、災病、痛疾，還是妨礙呢？須視乎所占問的課題來推敲，才可定論。

相刑有四種：

ⅰ〕　子刑卯、卯刑子
　　兩者相刑，古稱「無禮之刑」，這刑具桃花色彩，主不正常關係，也主男女之間每多越軌之事。

ⅱ〕　寅刑巳、巳刑申、申刑寅
　　為恃勢之刑，藉個人權力去欺壓他人。當【寅、巳、申】同時出現，為三刑之局，所問之事，多凶終隙末。

ⅲ〕　丑刑未、未刑戌、戌刑丑
　　屬無恩之刑，帶有恩將仇報、寡情薄情之意。當成【丑、戌、未】三刑之局，主瓦解。如占公司，有結業危機。

ⅳ〕　辰、午、酉、亥
　　辰辰、午午、酉酉、亥亥，主自刑，即自己製造麻煩給自己。卦中見之，可推斷當事人的一念決定，而要承受自己種下的後果。

12. 地支六害

　　地支又可組成六組不利性質的組合，所謂相害，其實含有陷害之意。

　　六組相害之組合：
　　子未相害　　　丑午相害
　　寅巳相害　　　卯辰相害
　　申亥相害　　　酉戌相害〔又稱酉戌相穿〕

　　相對而言，寅巳、卯辰、申亥的禍害最輕。午丑相害已較嚴重。禍最深的兩個組合 － 子未害和酉戌穿。

　　【子未相害】是陷阱，見之，小心他人設計陷害。
　　【酉戌相穿】是近親之賊，多被親朋好友出賣或穿櫃桶底。

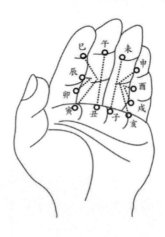

【四】推斷五大綱領

易卦這門預測，全憑六爻的訊息反射，可以這樣說，易卦比其它術數更抽象，更難掌握它的來龍去脈，因此，很多初學者，看着卦象，茫茫然不知所措，尤如午夜觀海，只看到海面一片漆黑，難知哪裡是盡頭，更遑論海底下之水流變化呢！

傳統以來，用卦者都偏向取「捉用神」的方法來解釋卦象，但是，能準確地運用這種方法的前輩和高人，為數不多。他們天生有很強的靈動力，一看卦象，便能從六爻中，抽出關鍵的爻辰，來貫穿整支卦的脈絡，作出分析及推斷。事實上，一般人沒有這種天賦能力，如想研習易卦，必需另闢蹊徑。若想將易卦普及，就要拋開傳統的推算模式，重新定立新的斷卦方法。不是說「捉用神」的斷法不好，但是它未必適合每一個人。

自知資質平庸，天生靈動力不高，必需靠後天努力補救，所以研習任何術數，均從基本學起，打穩根基，再從不同的渠道去印証，雖然學習時間較他人長，但是熟習以後，對該門術數的法則和變局，便了然於胸，運用起來，更得心應手。

筆者習易卦，也可以說是從零開始。開始時，我漫無頭緒，經過大約三年多的摸索、印証和修正，才領悟到六爻互通的原理，我更從原理中，定出五大綱領。據此五大綱領，便可推演每支卦的卦象，而其中含意，先後被逐一揭開，並作出合理的推斷。筆者在此聲明，這斷卦「五大綱領」，並不是什麼祕訣，也絕非承傳自某一門派，而是筆者的用卦心得，我將它公開，是希望有志於易卦的朋友，能多一條門路去摸索和鑽研而已。

《五大綱領》

五大綱領是五個推斷步驟，按次序去推斷，可從卦象中找到答案。

五個推斷步驟：

〔一〕 「世、應、日辰」三會合

世、應、日辰三會合，無論用神是否出現，已形成基本的結構。所謂基本的結構，其實是指占問事情或事件在此刻形成的狀態，又可稱之為本體。本體結構，有好亦有壞，不可一見相生，便說是吉，也不可一見相剋，便說成凶。

例：世、應相生
卦象 – 山天大畜（艮3）

卦象　　飛神　伏神

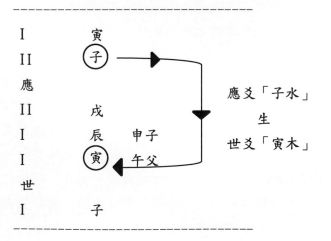

應爻「子水」
生
世爻「寅木」

例：世、應相剋

卦象 – 火風鼎（離3）

卦象　　　飛神　　伏神

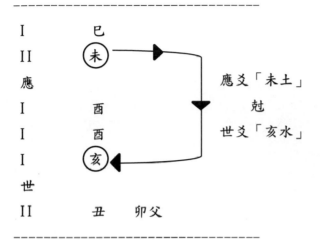

世與應兩點，飛神地支，各有五行，力量是互相影響，無論彼此是生是合，抑或是刑是害，只是顯示問題的基本，若要知道占問事情的成敗得失，非看日辰不可。《黃金策總斷千金賦直解》中，論及日辰，有「日辰為六爻之主宰，喜其滅項以安劉」、「日傷爻真罹其禍，爻傷日徒受其名」兩句，描寫甚精彩，便可知日辰的重要性。

日辰的加入，便成為世、應、日辰三點力量同時發射，既互相串連，又互相牽制，合成一個三角形，便是占問事件的根本。無論卦爻怎樣變化，事件的本質，永遠離不開這個根本，斷卦的基礎，便由此確立。

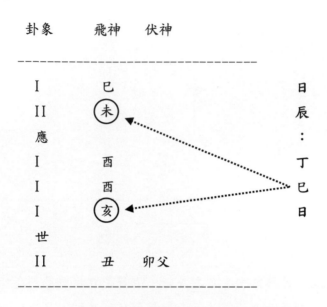

日辰力量，對世、應的影響，不外乎是『生、扶、拱、合』和『刑、沖、尅、害』兩大類，這亦是判卦的基本關鍵。基本上而言，一般占問，以見『生、扶、拱、合』的組合有利；反之，『刑、沖、尅、害』的出現，則每多悔咎之事。

多提一句，世應和用神，是可分開來看的。簡單來說，用神在世、應位置，所問之事，便有憑藉；若用神不在，世應的功用，主要顯示占問事情之環境及其變化，此點不可不注意。

　　既然世應、用神已說明，便應取實例來解釋世、應、日辰三會合的關係及判斷方法。

西曆：		2011		年		5	月		5	日	
陰曆：		辛	卯	年	癸	巳	月	庚	申	日	
占問：		A小姐 占 新工作									
得卦：		巽為風 (巽1) 化 火風鼎 (離3)									
卦身：		巳			旬空：		子、丑				
卦爻	六獸	六親	卦象	飛神		伏神			變卦	後六親	
上爻	蛇	兄	\	卯							
			世								
五爻	勾	子	O	巳	身				未	子	
四爻	朱	財	X	未					酉	財	
三爻	龍	官	\	酉							
			應								
二爻	玄	父	\	亥							
初爻	白	財	\\	丑	空						

分析：

1) 世和應成卯酉沖，占新工作，一切在進行中。

2) 看日辰申金，幫扶酉金官爻沖世，表示這份新工作，是找上門來或被介紹的。這便是 A 小姐與新工作的根本狀態。

〔二〕六獸辨象

　　基本上，六獸最大的功用，不在於克應方面，而在於辨象的功能。所謂「象」，可以解釋為事物的形象、動態、特徵三方。「象」有立體的意思，象得成，占問事情的立體景象，便可呈現眼前。

　　六獸的象徵，大致可簡略如下：

青龍：主善良、正義、清高、遠方、喜慶、名譽、理想。
朱雀：主口舌、火光、飛行、快捷、電郵、傳真機、乘飛機。
勾陳：主田土、勾絆、糾纏、牽制、遲滯。
螣蛇：主怪異、虛偽、陰險、奸詐、懶洋洋、痴纏。
白虎：主威權、破壞、肅殺、凶猛。
玄武：主暗晦、靈活、盜賊、淫亂、賭博、靈異、邪惡、
　　　欺騙、虛偽、投機等。

　　從上述六獸的定義，可作一些基本判斷。
　　占事業，青龍持官鬼爻，主升遷。
　　占疾病，青龍持官鬼爻，主重病，若更見飛神卯木，主患性病。
　　占家宅，玄武持官鬼爻，家有靈異之事。
　　占置業，白虎父母爻，置業不成。
　　女占姻緣，螣蛇持官鬼爻，男伴多痴纏不休。
　　占尋人，青龍持父母爻，主有正面消息，青龍主大道，沿大路可尋回。

現參照『A小姐占新工作』之卦例，她世持螣蛇兄爻卯木，從「六爻辨象」的角度去分析，螣蛇所象徵的，是懶洋洋、不積極的特性。因此，我們便可推斷，A小姐對待這份新工的態度，採取拖延政策，沒有明確表態。

　　又取應爻青龍官爻來討論，青龍有聲譽和理想的本質，可以肯定，這是一份很好和有前途的工作。所以，見到不同的六獸來配對，我們腦海中，便應按它們的本質，浮現出當事人的狀態、形態和動態，這便是「六爻辨象」的最大優點。

〔三〕爻辰發動

爻辰即卦中六個爻，任何一爻發動，整支卦便起變化。

懂卦的人都很清楚，不是每支卦都是靜而不動的。

世、應、日辰的相會，組成問題的基本性質，但一爻動或多爻動，便將原本性質的軌迹，出現改變或戲劇性變化，有時，其變化令人措手不及，發生後，才如夢初醒。

發動的爻，亦有時間上的區分。發動的爻共分兩種 – 重爻和交爻。

重爻 (O) 表示事情已發生或正在發展及進行中；
交爻 (X) 則表示事情將會發生。

明白時間上的先後，我們便可掌握事情發展的脈絡，及其克應的時空，即所謂之『判應期』了。

爻辰發動，一般可分成兩組：
其一，爻辰在世或應發動；
其二，爻辰在間爻或閒爻發動。

　　判卦原則，以世、應、日辰三點會合為基本，組成一個三角形本體。當爻辰在世或在應發動，本卦的三角本體，便受發動的爻辰去影響，將原局的三角形本體，變成另一個三角形本體，這樣的變化，便是更改了原有的軌跡，代表事情在時空中孕育、發展、至終結。

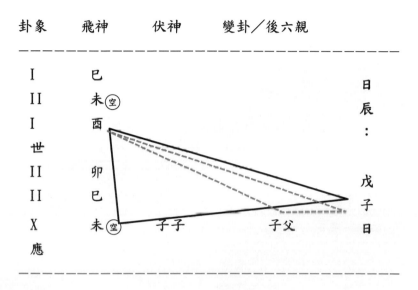

卦象	飛神	伏神	變卦／後六親

　　若爻辰在間爻或在閒爻發動，要看發動的爻辰，對原本的三角本體，產生怎樣的吉凶效應。簡而言之，它對原局的三角本體，是『生、扶、拱、合』，還是『刑、冲、尅、害』，來作出決定性的判斷。

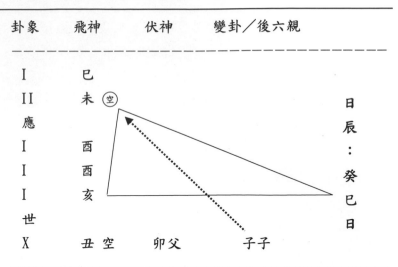

卦象	飛神	伏神	變卦／後六親
I	巳		
II	未 ㊉		日 辰 ： 癸 巳 日
應			
I	酉		
I	酉		
I	亥		
世			
X	丑 空	卯 父	子 子

其實，發動的爻，可分為有情與無情。究竟如何去分辨它是有情和無情呢？

簡單來說，發動的爻，用「生扶拱合」和「刑沖剋害」與本卦的性質來定，大致可分為四種。

1》本卦的性質佳，得發動的爻「生扶拱合」，是有情；
2》本卦的性質佳，得發動的爻「刑沖剋害破」，是無情；
3》本卦的性質壞，得發動的爻「生扶拱合」，是無情；
4》本卦的性質壞，得發動的爻「沖剋破」則有情，「刑害」卻無情。

爻發動有情，對占問的事情有助，是為吉。
爻發動無情，對占問的事情造成困擾破敗，是為凶。

將發動的爻分為有情與無情，主要令學卦的人，更容易了解

爻動和卦變的含意。

假如占問之卦是靜卦，只須根據本卦的本質好壞，再配合日辰月建來判吉凶便是。卦內的爻，不會無故而動，若動，事情必起變化，它是由好變壞，又或是由壞變好，我們就要用上有情或無情之爻來推斷。有情，自然結局佳；無情，卻是結局壞，這是一般通則。

『A小姐占新工作』為例，日辰「申金」，助應「酉金」青龍官爻，沖會世「卯木」兄爻，表示有一份好工作來找你，本卦的性質是佳。此卦兩爻辰在間爻發動，令這支卦的本質起了變化。

五爻「巳火」子爻化「未土」子爻，是化進，因未土能生應官爻，由此可知，她不喜歡這份工作，是自己的性格使然。

四爻「未土」財爻化「酉金」財爻，亦是化進，「酉金」財爻刑應「酉金」青龍官爻，是為「自刑」，可以判斷，發動的爻，令原有的佳局，出現「自刑」變局，變為無情的結局。

讀者可自行引證。

〔四〕六親轉化

前人用卦，多取本卦的六親來演繹，就算動化後的後六親，亦取本卦卦氣來定，這種源用一氣的方法，有時，未必可以完全反映出人事上的變化。因此，後六親採用變卦後的卦氣，去推演人際關係，是十分合理的。

「六親轉化」是筆者對卦的新領悟，是一個非常重要的概念。古籍中從無提及，用它，可進一步去解釋後六親與本卦的六親關係。究竟怎樣從卦中六爻，去判斷人事上角色及身份的變化呢？不妨略為解釋一下。

卦分為靜卦和動卦。靜卦是處於一個不活躍的狀態中，卦中六親的父、子、兄、官、財，基本上是沒有改變的；倘若有爻辰發動，動化後的六親，未必跟原來的相同，因為六親的位置改變，如由財爻化作兄爻，最基本的理解，可視作錢財上的耗損。在六親的解釋上，由原卦六親「財爻」的有錢，化作變卦後六親「兄爻」的破耗，便是金錢損失。這時，表示六親角色上已出現了變化。

要解釋六親變化帶來的實質意義，必須先了解變卦後的飛神，跟本卦的世、應、用神及卦身所產生的生剋，是『生、扶、拱、合』，抑或是『刑、冲、剋、害』，然後再推敲後六親對本卦的影響，打通關鍵點，且將相關各爻連成一起，構成一幅立體圖案，人與事，自然一目了然。

又取『A小姐占新工作』為例，五爻「子爻」化「子爻」，子爻是官爻的忌神，在六親轉化的運用上，其原卦與後六親皆是子爻，可以推斷，由始至終，她都不喜歡這份工作。

而四爻財爻化財爻，財爻本可生官爻，因為飛神「酉酉」自刑，在這種情況下，便可推斷A小姐不喜歡這份工作，是因為薪金不如理想。若能明白「六親轉化」的功用，卦中暗藏的細節，都可被一一推算出來。

〔五〕卦身定位

在象數易中，除六爻斷事外，卦身的功用亦很重要。《易隱》中曾提及「禍福方憑卦身」之句，可見古人對卦身的重視。卦身好像紫微斗數中的身宮，身宮落在不同宮位，其後天的專注性，多與此宮有關。因此，卦身所落的爻辰，多為重點所在。

卦身亦是占問之事的核心，所以，判斷世應時，必須兼視卦身，才可得出準確的答案。一卦只有六個爻辰，而地支卻有十二之數，因此，卦身不在卦內，常有見之。我們又如何分辨它在卦內和出卦的功用呢？

卦身在卦內，占問之事，便有位可憑，據其飛神和六親的配對，事情的成敗得失，便能提供指導性作用。說卦身為克應的重點，則不為過也。卦身出卦，即不在卦中六爻之內，占問事情，每失依據，或漫無頭緒，或成空想，此刻，應審查世、應、用神、日辰和動爻的得失，來作總斷。

卦身不只有現有不現，而且卦身可一卦多現。何謂一卦多現？若一卦之內，六爻中有兩個飛神地支相同，或變卦後的飛神，剛巧又與原卦卦身的地支相同，這時便會出現卦身兩現或多現了。

　　本卦卦身兩現，主當事人對所占問之事，處身於徘徊狀態，難作決定；而卦身三現或四現，必出現在變卦之中，其重點更難捕捉，須看變卦後的卦身，對本卦產生的影響，才可決定事情結果的好壞。

　　另一方面，卦身又是權力和信心的象徵。當世持卦身時，即掌握主導權，或處事極具信心。若卦身在應，占問之事，每多環境及人事上的制肘。

　　卦身雖然重要，但卦身在卦中，只是附在爻辰之上，所以，我們推斷，非以卦身之喜而喜，亦非以卦身之憂而憂，一切均要作整體去衡量得失，因為禍福得失，往往只是一線之隔。

　　按『A小姐占新工作』的卦例，卦身落在巳火子爻上，子爻是官爻忌神，通稱為「剋官之神」。占工作以官爻為用神，既然用神受子爻剋制，在「卦身定位」的信息反射上，不是她推卻此工作，便是見工失敗。其原因何在，須檢視世、應、動爻及日辰的關係。

【五大綱領的總結】

　　初學易卦的朋友，我建議他們先熟習這五個步驟，熟習之後，便能迅速整合卦中各爻提供的信息，不會望著卦象，茫茫然不知所以。運用得多，很多信息，自然心領神會，不用細加說明。

　　續以『A小姐占新工作』來解說五大綱領的運用。

‧ 日辰助應之青龍酉金官爻沖世，官爻為新工作，可以推斷，有新工作找上門或被他人介紹。

‧ 世持騰蛇兄爻卯木，對這份新工作，採取拖延政策。

‧ 五爻見巳火化未土，沒有對世應造成傷害，但它六親是子爻化子爻，她內心不喜歡這份工作，可能是性格使然。

‧ 四爻是財爻化財爻，因「酉」財爻刑應「酉」官爻，是為「酉酉自刑」，薪酬是一大因由。

‧ 加上「卦身定位」的信息反射，子爻卦身不利官爻。

‧ 結局當然是負面。

‧ 最終，A小姐推掉這份工作。

　　五大綱領的運用，能將整件事情的細節緊扣，加強立體景象，推斷更加細緻準確。

【五】起卦的月份

　　中國的術數，採用太陰曆，以二十四節氣來定月份，月份的分佈，可參看二十四節氣列表。某些術數，是十分著重節氣的，以八字為例，未到立春，便未算是新的一年；未到小暑，仍當五月計算。

　　在易卦方面，對起卦的月份，各門派所持的見解不同，可分為兩大類：第一類是沿用節氣的方法；第二類是不論節氣，只取起卦當天的月份來用。前者與後者，會因月建地支的不同，在判卦上，可能出現很大的分歧。以世持「戌」土為例，農曆四月占問，但未到立夏。節氣論者，仍以三月計算，以「辰」月為月建，沖世「戌」土，為月破，而月份論者，則以「巳」月為月建，巳火能生世「戌」土，一破一生，分別甚大。

　　筆者所學，是取月份裝卦，亦以該月的地支去斷卦。至於二十四節氣，只在斷應期方面用得上。如讀者有時間，不妨從卦例中去印証，哪一用法較為可取。

二十四節氣列表：

月份(地支)	節氣	中氣
正月（寅）	立春	雨水
二月（卯）	驚蟄	春分
三月（辰）	清明	穀雨
四月（巳）	立夏	小滿
五月（午）	芒種	夏至
六月（未）	小暑	大暑
七月（申）	立秋	處暑
八月（酉）	白露	秋分
九月（戌）	寒露	霜降
十月（亥）	立冬	小雪
十一月（子）	大雪	冬至
十二月（丑）	小寒	大寒

註：二十四節氣分為十二節氣（節）與十二中氣（氣），每月有一「節」與一「氣」區分，「節」為月之始，「氣」的最後一日為月之終。

【六】閏月問題

　　初學易卦的朋友，面對閏月問題，會不知所措，無法處理。推斷閏月，最簡單的方法，是將閏月的前半個月，撥入前一個月，後半個月撥入後一個月，即前後兩個月，大約各自擁有四十五天。

　　舉例來說，2012 年（壬辰年）是閏四月，閏四月初一至十五，以四月推算，閏四月十六至廿九，以五月推算。

　　有人會問，為何如此分割閏月？答案十分簡單，初一至十五是前一個月的延續，十六至廿九（或三十）是後一個月進氣的前奏，各有各的傾向。按 2012 年的例子，由四月初一至閏四月十五，共四十五天，月建以「巳」火來推斷；由閏四月十六起至五月三十日，共四十四天，便以月建「午」火論斷。

　　在閏月的問題上，或許其他門派另有獨特見解，大家不妨作為參考，令易卦的推斷，更趨完善。

【七】旺相休囚死

卦的判斷，時令是非常重要的，因為推斷五行的旺弱，便要看四季的轉變。

將一年分成春、夏、秋、冬四季，各具五行屬性。春屬木，夏屬火，秋屬金，冬屬水；飛神十二地支，其本身五行旺弱，須考慮是得助於時令，或是受制於時空，若只看爻辰生剋，不論得令失令，斷卦必易出錯。因此，前人依照四時的自然規律，來釐定爻辰的旺弱，共分成「旺、相、休、囚、死」五個狀態。

究竟怎樣去釐定「旺、相、休、囚、死」狀態呢？不妨說清楚一點。訣云：（以爻辰本身五行為本）

同氣者為「旺」

生我者為「相」

洩我者為「休」

我剋者為「囚」

剋我者為「死」

四季五行，相應不同爻辰之五行，爻辰便會出現「旺、相、休、囚、死」的狀態。

以春季為例，春季木當令。

寅、卯屬木，在春季是「旺」

巳、午屬火，在春季是「相」

亥、子屬水，在春季是「休」

申、酉屬金，在春季是「囚」

辰戌丑未屬土，在春季是「死」

又以秋季為例，秋季金當令。

申、酉屬金，在秋季是「旺」

亥、子屬水，在秋季是「相」

辰戌丑未屬土，在秋季是「休」

巳、午屬火，在秋季是「囚」

寅、卯屬木，在秋季是「死」

其餘兩季，如此類推。

在自然規律中，五行中的土是最特殊，因為每季最後一個月，均為土月。春季「辰」月（三月），夏季「未」月（六月），秋季「戌」月（九月），冬季「丑」月（十二月），所以，土有旺於四季之稱號。

四季之旺相休囚死表

狀況	旺	相	休	囚	死
四時					
春	木	火	水	金	土
夏	火	土	木	水	金
秋	金	水	土	火	木
冬	水	木	金	土	火
四季(土月)	土	金	火	木	水

能掌握爻辰的旺、相、休、囚、死的狀況，自然明白各爻力量的拉扯，判斷時，卦中的得失，便一目了然。

【八】用神、原神、忌神、仇神

象數易中，有所謂四神，即用神、原神、忌神、仇神，很多人都不明白四者的關係，也不明白它們存在的功用和產生的效應，對他們來說，用神與忌神，只是兩個較為熟悉的名詞而已。學易卦的朋友，應知道甚麼是用神。用神，是占問事情的用事爻，用來觀看事情的得失。現在，不妨舉一些例子，令讀者容易明白。

占事業，以官爻為用神；
占財運，以財爻為用神；
占尋人，以父爻為用神；
占學業，以官爻為用神；
占置業，以父爻為用神；
占投資，以財爻為用神；
占疾病，以官爻為用神；
占治療，以子爻為用神；
占生育，以子爻為用神；
占出門，以子爻為用神；
占失物，以財爻為用神；
占家宅，以子爻、財爻為用神；
占姻緣，男以財爻為用神，女以官為用神。

還有不少其它的占問，如合作、比賽、移民、官非等等，此處不再贅了。

　　既然用神是主事爻，它的存在，對整件事情來說，起著關鍵性的作用，它是得生扶拱合，還是被刑沖剋害，會帶來好與壞兩個不同的結局，因此，卦內六爻，一定要留意用神所落的位置和它正處於一個怎樣的狀態。用神得生旺，所問事情，發展順利；用神受剋制，事情倍增阻滯，雖然不一定是功敗垂成，但是過程當中，卻是十分折騰。

　　要知用神是受生還是受剋，最直接的方法，是看日辰月建的力量，對用神產生的影響，生旺是吉，剋害是凶；其次，須看爻辰發動，它所產生的力量，是提升用神，抑或是壓制用神，有時，力量的拉扯，處於十分接近的狀態中，所以，得與失、成與敗，往往在於一線之差。

　　以坎宮第六卦之雷火豐為例，女占姻緣，用神是官爻。用神官爻值日，為之旺，生世父爻，自然有男性主動接近。

六親	卦象	飛神	伏神
官	II	戌	
父	II 世	申	日辰：丁丑日
財	I	午	
兄	I	亥	
官	II 應	丑 ← ‥‥‥ 用神值日	
子	I	卯	

又以乾宮第二卦之天風姤舉例，女占姻緣，用神是官爻。同樣是應生世，不過，此刻的用神，卻受日辰剋制，可以這樣說，她雖然有目標，但是能與目標成為情侶的機會不大。

六親	卦象	飛神	伏神	
父	I	戌		日
兄	I	申		辰
官	I	午	◀ 用神受剋	：
	應			辛
兄	I	酉		亥
子	I	亥	寅財	日
父	II	丑		
	世			

用神的能量，源自飛神地支，而地支的強弱，卻依四時的轉換而生變化，因此，用神力量，會隨四季之轉動，時有增減。當用神受制於年、月、日之時，處境難堪，它既失去能量，也不能發揮所長，若真的至此，一切一切，莫非真的要聽天由命？所謂「人無絕境，卦留一線」，用卦的人，能堪破當中玄機，看起事情來，便會柳暗花明，生機處處。

　　若用神失於時令，虛弱無靠，能拯救它的，是一支能生之救之的爻辰，此爻名為「原神」。原神的本能，是去生旺、加強用神的力量，也是用神的後援，令垂死的用神，再次被灌入新的力量，使它能延續自己的使命。

　　各類不同的占算，會有不同的用神和原神。下列是一些常用的占問，將用神和原神清楚的劃分開來，大家看後，自可清楚明白。

占問	原神	用神
男占姻緣	子爻	財爻
女占姻緣	財爻	官爻
占財運	子爻	財爻
占疾病	財爻	官爻
占出門	兄爻	子爻
占官非	財爻	官爻
占學業	財爻	官爻
占尋人	官爻	父爻
占生育	兄爻	子爻
占投資	子爻	財爻
占治療	兄爻	子爻
占家宅	子爻	財爻
占失物	子爻	財爻

從六爻中，得知用神正陷入絕境時，便要尋找原神，看看它能否提供支援力量。最簡單的方法，要分析及推斷，原神此刻扮演的角色，是否可以將日辰、月建對用神的剋害，轉化成對用神的相生，藉此扭轉不良的局面。

怎樣轉化，請看下圖。日辰午火，對用神申金構成剋害，令用神失去功能，這時，我們要追尋原神所落的位置，能否將日辰的力量，轉化成另一種能量，去拯救用神、增強用神，將敗局扭轉。

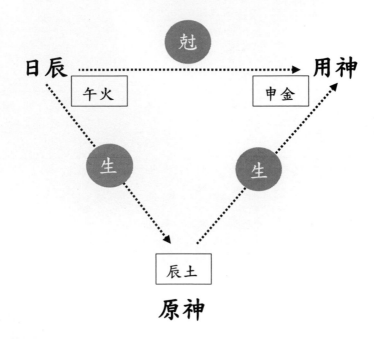

除了力量轉化外，原神的發動，也能增強用神的力量。這種發動，一定較轉化的方法更費神、更吃力，其結局更難預計，這又不可不知也。

占問：男占姻緣
得卦：地澤臨（坤3）化水澤節（坎2）

六親	卦象	飛神	伏神	變卦／後六親
子	II	酉		
財	X 應	亥	·········動········▶	戌官
兄	II	丑		
兄	II	丑		
官	I 世	卯		
父	I	巳		

　　世間萬物，有陰必有陽，有對必有錯，有正必有反，同樣，卦有正面用神，也存在反面的忌神。忌神是來破壞用神的一支爻，它的力量，亦是從日月借來的，日生月扶，力量自然大增，破壞力也越大。輕則，令事情增添變數及阻礙；重則，可徹底摧毀一切。

忌神 ————剋————▶ 用神

又套用上例，將部份占問的忌神與用神列出。

占問	忌神	用神
男占姻緣	兄爻	財爻
女占姻緣	子爻	官爻
占財運	兄爻	財爻
占疾病	子爻	官爻
占出門	父爻	子爻
占官非	子爻	官爻
占學業	子爻	官爻
占尋人	財爻	父爻
占生育	父爻	子爻
占投資	兄爻	財爻
占治療	父爻	子爻

「看卦先須看忌神，忌神宜靜不宜興，忌神急要逢傷剋，若過生扶用受刑。」

從這首忌神歌訣中，可知忌神，尤如玄空飛星中的「五黃」，宜靜不宜動，動則有傷，若再加上仇神的加臨，增加忌神的破壞力，後果更為嚴重，一般而言，占問之事，忌神傷用，諸事不成。

所以，卦中忌神，必需有制，有制才可風平浪靜，能制之，不外乎是日辰、月建、動爻的力量。

為了讓讀者明瞭用神、原神、忌神、仇神四者的關係，我將它們製成簡圖，並指出其生剋路向，相信多看一兩次，自會清楚明白。

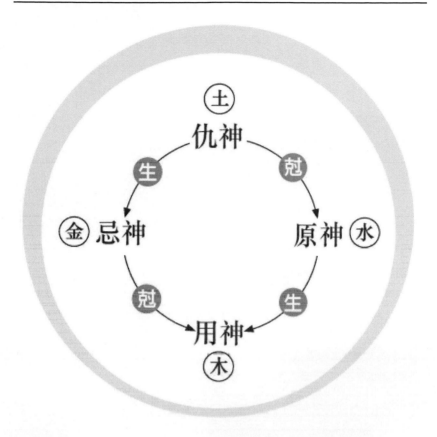

　　一般情況下，剋制忌神，占問之事，才可得成，但是，有些占問課題，卻是剛剛相反的。以占疾病為例，用神是官爻，忌神是子爻，若用神當令，而忌神又同時受制，可以推斷，此刻病重，多醫藥無效，倒不如忌神得用，反而可以藥到病除。

【九】月破

何謂月破？首先要明白「破」的意思。破有破裂、瓦解、傾敗等含意，一般占問，遇月破，皆主不利和挫敗。所謂月破，是有時段的破，其影響亦止於月內。有時，月破可能是月內受制，出月便可回復常態，也可能是占問事的應期，一切須按整體卦象而定。

月破，其實是指被月建沖剋的爻辰。沖是六沖，所以凡與月建成六沖之爻，便稱為「月破」。下面的六沖圖，可看到一年裡面十二個月之月破情況。

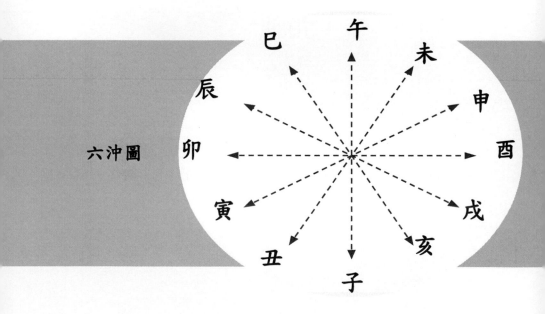

六沖圖

　　寅月沖申 （爻見申，為月破）

　　卯月沖酉 （爻見酉，為月破）

　　辰月沖戌 （爻見戌，為月破）

　　巳月沖亥 （爻見亥，為月破）

　　午月沖子 （爻見子，為月破）

　　未月沖丑 （爻見丑，為月破）

　　申月沖寅 （爻見寅，為月破）

　　酉月沖卯 （爻見卯，為月破）

　　戌月沖辰 （爻見辰，為月破）

　　亥月沖巳 （爻見巳，為月破）

　　子月沖午 （爻見午，為月破）

　　丑月沖未 （爻見未，為月破）

　　為甚麼被月建沖之爻稱為月破呢？理由很簡單，因為當中，有以強制弱的含意，看看以下五行的變化，便知一切。

　　寅月木旺，申金休囚，木強自能反剋金；

　　亥月水旺，巳火休囚，水大自能滅火；

　　酉月金旺，卯木休囚，金強自能伐木；

　　午月火旺，子水休囚，火強自能蒸發水份怠盡；

　　四季土旺，兩土互撼，裂土飛揚。

　　明乎此，便能理解「破」的真正意義。

易卦以日辰為大，力量最強，月來沖破，其破只限於月內，出月不破，故在月內，不宜有重要決策，否則會為後運埋下破敗的伏線。

卦象本無好壞之分，要視乎占問課題而定。基本上，習卦者只視日月之「生、扶、拱、合」為吉，「刑、沖、剋、害」為凶，殊不知因占問題目的不同，其生剋反可逆轉，生扶可變凶，而刑沖則反可成吉，若能通達，自可心領神會。簡單來說，世持官鬼爻，是好是壞，不可得知，必須先知占問題目，才能察其變化，定其吉凶。

占事業：世持官爻卯木，既被日辰「申金」剋害，月建「酉金」來沖，主事業反覆受制，此為凶。

占問：男占事業
得卦：山火賁（艮2）

六親	卦象	飛神	伏神	變卦／後六親
官	I	寅		
財	II	子		乙
兄	II	戌		酉
	應			月
財	I	亥	申子	戊
兄	II	丑	午父	申
官	I	卯		日
	世			

同一支卦，以另一課題來占問，情況便有別。以占疾病為例，在時空上，月同日異。世持官爻，審視日辰，官爻已受日辰來洩，月建來沖，官爻被沖破，病情在月內有突破性好轉，此為吉。

占問：男占疾病
得卦：山火賁（艮2）

六親	卦象	飛神	伏神	變卦／後六親
官	I	寅		
財	II	子		乙
兄	II	戌		酉
	應			月
財	I	亥	申子	戊
兄	II	丑	午父	午
官	I	卯		日
	世			

沖
沖

舉此兩例，若能反覆推敲，定知月破不足畏，所畏者，「日辰」是也！

論力量，日辰遠勝月建，若然月破，其破之爻值日或得日辰拱合，只於月內受制，出月自能活動自如，重新上路；反之，爻本已被日辰刑剋，更被月建沖破，所問之事，克應不但急且快，而且每多傾敗，如占事業，是月可能被解僱。沖為急，其意在此矣！

【十】卦身

卦身，古稱「月卦身」。卦身的用法，各有不同的說法，很難統一口徑，也有一些師傅，索性棄卦身不用。對於這種現象，可能用卦者均弄不清「用神」與「卦身」的分別。古代兩本卜筮名著－《易隱》和《卜筮正宗》，對卦身都有著墨，但它們所談不多。

《易隱》中，提到卦身的文字，只是寥寥數句，「凡卦之身。用之為重。世之身司事還輕。世若不空不破。不須論身世。或空破。禍福方憑卦身象。蓋取身以代世之勞耳。」它的論點，以世爻為重，卦身次之。一切據世爻定得失，當它遇旬空、沖破之時，則須以卦身代世，按其好壞，以論卦中吉凶。

《卜筮正宗》對卦身的論述，與《易隱》不同，它不但沒有提及以卦身代世的觀點，而且在卦身的運用上，也較寬廣。「卦身之爻，為所占事之主，若無卦身，則事無頭緒，倘卦身有傷，其事難成矣。」

《卜筮正宗》這段節錄中，已蓋括了三種情況。

第一，「卦身之爻，為所占事之主」，它是問事的主體；

第二，「若無卦身，則事無頭緒」，即卦身不上卦，所問之事，欠缺方向；

第三，「倘卦身有傷，其事難成矣」，若卦身受刑剋，占問事情，成功機會微。

以筆者用卦的經驗，《卜筮正宗》對卦身的論述，是合理可取的。我們不妨逐一去討論，找出理據，支持論點。

〈卦身是問事主體〉

卦身是問事的主體，這種看法，非常合理。首先，我們要將「用神」和「卦身」的角色分清，否則，斷卦便不知先後，也失去重點了。

「用神」是用事爻，看事情的得失；「卦身」為主體，觀所問事情的重點。一定得失，一看重點，兩者不可混淆，斷卦，才可對症下藥。取下面「女占事業」為例，來作說明。

占問：女占事業

得卦：雷澤歸妹（兌8）化地澤臨（坤3）

六親	卦象	飛神	伏神	變卦／後六親
父	II 應	戌		乙
兄	II	申 (身)		酉 月
官	0	午 空	亥子	丑兄 乙
父	II 世	丑		酉 日
財	I	卯		
官	I	巳		

• 此卦女占事業，以官爻為用神。

• 用神看得失：此刻官爻旬空，日、月酉金來反剋，問事業，
　　　　　　　當然事業失意。

• 卦身為主體：卦身落在「兄爻」申金之上，日辰、月建拱
　　　　　　　扶，力量強大，要知兄爻為阻隔、為減薪（或
　　　　　　　低薪）、為同事，其重點在同事間的問題和
　　　　　　　薪酬方面。

另一支「T小姐占事業」，可從另一角度去解釋卦身方向性。

占問：T小姐占事業
得卦：雷山小過（兌7）

六親	卦象	飛神	伏神	變卦／後六親
父	II	戌		
兄	II	申		戌
官	I	午	亥子	寅
	世			月
				乙
兄	I	申		卯
官	II	午	卯財 身	日
父	II	辰		
	應			

• 占事業，以官爻為用神。

• 用神看得失：用神官爻，得日月生旺，本主事業發展不錯，
　　　　　　　不過，為何世下有伏神子爻呢？子爻為剋官
　　　　　　　之神，表示她的工作發展，存在一些不利因
　　　　　　　素。

• 卦身為主體：卦身落在卯木財爻，正正是財伏官下，官爻要
　　　　　　　財來生旺，所以，這支卦卦身所指示的，是T
　　　　　　　小姐需要努力不懈，才能持續發展她的事業。

〈卦身不上，事無頭緒〉

　　卦身既為主體，而不入卦中，最簡單的理解，占問之事，失去主導性，或沒有方向性，判卦，只可靠用神、世應和動爻來推斷。如占尋人，世應、用神未見剋害，而卦身不上卦，主當事人尚健在，但是沒法找到他的蹤影；又如占投資，若卦身不在卦內，可以推測，縱使當事人手掌巨資，始終沒法定出長遠的投資策略。

　　以 B 小姐占姻緣為例，卦中不見卦身，可得知，此刻她追求的姻緣，沒有方向性的，即沒有特定目標，這只是一種寄望而已。

　　所以，官爻為日辰所洩，世應父爻受日辰沖動，她會因姻緣之事，煩惱不已，再看應爻成「子未相害」，問姻緣，暫時不是適當的時候。

例 - 卦身不上（一）

占問：B小姐占姻緣
得卦：風地觀（乾5）
卦身：酉

六親	卦象	飛神	伏神	變卦／後六親
財	I	卯		
官	I	巳	申兄	癸
父	II	未		卯
	世			月
財	II	卯		乙
官	II	巳		丑
父	II	未	子子	日
	應			

• 占姻緣，卦身不上卦，B小姐沒有心儀目標，只是期待遇
  上而已。

例－卦身不上（二）

占問：X小姐占租住某單位
得卦：澤山咸（兌4）化水山蹇（兌5）
卦身：寅

六親	卦象	飛神	伏神	變卦／後六親
父	II 應	未		丁
兄	I	酉		亥
子	0	亥		申兄 月
兄	I 世	申		壬 戌
官	II	午	卯財	日
父	II	辰		

• 以 X 小姐占租住某單位為例，同樣是卦身不上卦，表示她
  沒特別喜歡或不喜歡這單位。我們只可從世應、用神、動
  爻去分析。

• 占租住，以父爻為用神。世持兄爻為阻隔，應與日辰相刑，
  用神受刑，簽約便有變數，加上四爻在動，子爻化兄爻，
  兄爻有劫財本質，再加上財爻隱伏，可以推斷，此單位的
  租金，比 X 小姐的預算高，所以她沒有租下這單位。

〈卦身有傷，謀事難成〉

　　如果卦身是整支卦象的命脈，它受生還是受剋，結果可以是南轅北轍，所以，若卦身受到傷害，占問的事，當然出現相當程度的阻礙，嚴重者，失敗在所難免。

例－卦身受剋

　　占問：W占工作
　　得卦：坤為地 (坤1)

六親	卦象	飛神	伏神	變卦／後六親
子	II 世	酉		
財	II	亥 身	剋	庚戌月
兄	II	丑		
官	II 應	卯	剋	乙未日
父	II	巳空		
兄	II	未		

- 占工作，以官爻為用神。卦身看主體重點。

- 占工作，財爻是薪酬回報，正受日月剋害，薪酬不理想。世應出現卯酉六沖暗動的狀態，W世持子爻剋官，顯示出他不滿意這份工作，其原因是工作量或職位與薪酬不相符。

例 – 卦身被沖破

占問：翁先生占創業（網上郵購）
得卦：兌為澤（兌1）化澤雷隨（震8）

六親	卦象	飛神	伏神	變卦／後六親
父	II 世	未空		
兄	I	酉		癸丑月癸巳日
子	I	亥 身		
父	II 應	丑		
財	0	卯		寅兄
官	I	巳		

沖破

• 占創業，以財爻為用神。

• 卦身落在亥水子爻，丑月土旺，亥水受月剋，且被日辰巳火沖破，子爻為財爻的原神，是支援力量，破則有損，支持翁先生創業的資金不足，因此，才會出現財爻化兄爻的卦象，可推斷創業失敗。

〈卦身兩現，事處徘徊〉

　　《黃金策總斷》也提到「卦身重疊，須知事體兩交關」，當卦內見兩個卦身，表現事情正處於徘徊不定的狀態，令當事人未能作出取捨。

例－卦身兩現

　　占問：T小姐占事業
　　得卦：山雷頤（巽7）化地澤臨（坤3）

六親	卦象	飛神	伏神	變卦／後六親	
兄	O	寅空		酉子 (身)	
父	II	子	巳子		丙
財	II	戌			申
	世				月
財	II	辰		酉官 (身)	丙
兄	X	寅空		卯官空	午
父	I	子			日
	應				

・卦身兩現，T小姐正為自己的事業發展而煩惱。

・除了卦身兩現，有時變卦後，會出現卦身三現的情況，這時，我們不但要考慮本卦的卦身，也要看看發動的爻，變出一個怎樣的卦身來，是化進、化退，還是伏吟、反吟，亦須衡量後六親的力量，會否對本卦帶來影響。不可以單爻判斷，要整體來分析。

〈爻持卦身，權之所在〉

　　卦身也是權力，擁有卦身的爻辰，等如擁有權力，因此，卦身能有主導性。所以，卦身入世位，當事人自己掌控一切，而卦身進應位，便失去話事權，凡事都處於被動。判卦時，多留意卦身位置，推斷起來，會更加仔細。

例－卦身在世

　　占問：張先生占姻緣
　　得卦：離為火（離1）化火山旅（離2）

六親	卦象	飛神	伏神	變卦／後六親
兄	I	巳 身		
	世			壬
子	II	未空		寅
財	I	酉		月
官	I	亥		壬
	應			辰
				日
子	II	丑		
父	0	卯	辰子	

・張先生世持卦身，一切行動，他必作主動。

例 – 卦身在應

占問：C先生占搬遷
得卦：山風蠱（巽8）化山天大畜（艮3）

六親	卦象	飛神	伏神	變卦／後六親
兄	I	寅 ⑨身		壬
	應			辰
父	II	子	巳子空	月
財	II	戌		丙
官	I	酉		申
	世			日
父	I	亥		
財	X	丑		子財

· C先生在這搬遷過程中，處於被動位置。

【十一】旬空

十天干配十二地支，永遠多出兩個地支，這兩個地支，被稱之為「旬空」。例如，是日是甲子日，從這一天起，甲子、乙丑、丙寅、丁卯、戊辰、己巳、庚午、辛未、壬申、癸酉共十天干，戌、亥便配不到天干，在這十天，取任何一個日子起卦，卦中戌、亥兩爻，均落旬空。從五行角度去看旬空，前人有「火空則發，土空則陷、金空則鳴、水空則流、木空則折」的論述，在斷卦時，也值得參考的。

凡遇「旬空」的爻辰，習卦者心裡，常常湧現出一種捉不實、拿不著的感覺。他們對旬空一詞，只能望文生義，理解一切皆是虛花幻影，並深入他們的骨髓，要糾正他們的想法，真是有點難度！旬空旬空，萬事皆空，問事難成，姻緣落空，尋人不吉，難再相逢等等的敘述，全部都是對「旬空」的負面看法，實質「旬空」的運用，並非如一般人的想法哪麼狹窄。

不一定每支卦都有旬空，所以，當旬空出現，一定有其作用。要確定旬空的功能，就要先確定它在卦中的狀態，是真空抑或是假空。究竟「真空」與「假空」，如何定其踪？得令日助為假空；失令日剋是真空，明白真假，事情的虛實，便可一目了然。旬空的另一功能，是用來判斷應期，「真空事難成，假空待時應」，短短十字，對懂易卦的人來說，有較深的體會。假空的爻辰，得沖空填實，很多時候，是應期的克應。

為了方便說明，試舉女占婚期一例，解釋旬空。

占問：女占姻緣
得卦：澤雷隨（震8）
卦身：申　　旬空：寅、卯

六親	卦象	飛神	伏神	變卦／後六親
財	II 應	未		乙
官	I	酉		酉
父	I	亥	午子	月
財	II 世	辰		乙巳
兄	II	寅 (空)		日
父	I	子		

• 這是一支靜卦。凡靜卦，伏神和旬空兩爻，都較為吃緊，許多時候，可能是整支卦的樞紐所在。

• 女占婚期，以父爻為用神，用神受月生日沖，可以推斷，婚事正在進行中，但父爻卻被日辰沖動而生旺兄爻，兄爻正正是旬空之爻，它為阻隔，表示婚期受阻。結局是，男家發生小問題，須要將婚期延遲一年。

從古籍中，留下一些訣法，也是值得我們去研究的。例如：
「世應俱空，人無準實」、「自空化空，必成空咎」、「動不為空」、「三冬逢火是真空」等等，稍後，我會嘗試去逐一分析，希望提供更多的資料，讓讀者自己去摸索和領會。

旬空的運用，不是現代人發明，古已有之，古籍《卜筮正宗》，便有「用神空亡訣」，其內容如下：

發動逢沖不謂空
靜空遇剋却為空
忌神最喜逢空吉
用與原神不可空
春土夏金秋樹木
三冬逢火是真空
旬空又值真空象
再遇爻傷到底空

八句訣法，看似簡單，不過，其涵蓋的幅度很廣，當中包括爻動、剋害、用空、原空、時空等對旬空所做成的影響及變化。為了初學者容易明白，筆者將每句，作粗略說明。

發動逢沖不謂空

原局爻神落空亡，當它發動，無論是重動或交動，原局爻神不算落空；或者原局爻神寅木旬空，得月令幫扶，日辰「申」來沖，此謂「沖空」，也不算是空。

靜空遇剋卻為空

爻辰失令，本已寂靜無力，既不發動，又落旬空，若再被日辰、月建來剋，爻辰進入真空的狀態。

忌神最喜逢空吉

這句最易理解，忌神落空亡，便失去對用神的破壞力，用神可發揮它自己的優點。

用與原神不可空

用神是主事爻，落空亡，即所問之事難成。原神是用神之根，根空，即支緩不足，成事亦不易。

春土夏金秋樹木，三冬逢火是真空

這裏談到的，是時空問題，簡而言之，不同時空，爻辰的五行，會出現強弱的變動，看看下面四季與五行的關係，便可知一切。

> 春天木旺，爻辰持土落空亡，視為真空。
> 夏天火旺，爻辰持金落空亡，視為真空。
> 秋天金旺，爻辰持木落空亡，視為真空。
> 冬天水旺，爻辰持火落空亡，視為真空。

旬空又值真空象，再遇爻傷到底空

爻辰失於時令，再遇旬空，本身已呈現真空狀態，假若它此刻再受到日辰來剋害，使它徹底地失去功能，若是用神所在，則敗象畢露。

在《黃金策總斷千金賦直解》裏，也可以找到些零碎的句子，談論旬空的用法，不妨拿來作點補充。

「無故勿空」

這句指出，卦中爻辰旬空，不會是無緣無故的，一定有其用意，它可能是成敗的關鍵點，也可能是應期，要仔細去觀察。

「空逢沖而有用」

逢旬空的用神或原神，在假空的狀態，不可視為不吉，得日辰來沖空，爻辰不空，反可得用。

「世應俱空人無準實」

世、應皆落空亡，雙方都欠缺誠意，不可靠也。如問合作，雙方各懷鬼胎，各有盤算，一切都不盡不實。

「自空化空必成空咎」

爻辰由原局落空亡，發動後也見旬空，即成此結構。凡卦遇此，所問之事，皆凶多吉少。

「空下伏神易於引拔」

　　飛神落空，其伏神受阻之力大減，出卦當天，剛巧日辰地支與伏神相同，伏神便可被引拔而出，與其它爻辰產生生剋之變化，左右結局。

「空化空雖空不空」

　　這裏所指即「動不為空」，前已論述，不贅。

【十二】飛神與伏神

對於飛神與伏神的關係，從來都說得不清不楚。一般人喜將飛神和伏神混為一談，在運用上，兩者基本上完全相同，絕無分別，這種觀點，並不正確。若想將飛神、伏神兩者的界線清楚分割，非要明白傳統的陰陽觀點不可。

所謂陰陽，其實是相對的概念，如高低、肥瘦、大小等等，而飛神、伏神的存在，可以用明暗來比擬。露者為明，伏者為暗。卦中六爻，全被飛神所占，所以為明；若五行有缺，只能以伏神填補，而伏神要依附飛神之下，並不可與飛神平排而展示於人前，故視之為暗。

在判卦時，飛神屬明，是事情的主線；伏神屬暗，是發展中副線。伏神受制，不能出伏，尤如石中隱玉，不被工匠去皮啄磨，如何成器。因此，伏神出伏，才生效用，並將它潛藏的力量，盡數發揮出來。

究竟伏神在怎樣的情況下，才可出伏？先決條件，是伏神得到日辰的眷顧，或本身得令，所謂根基打得好，辦事效率高，對嗎？

　　《卜筮正宗》內的〔飛伏生剋吉凶歌〕，對伏神的運用，有正面的描述，對習易卦的朋友來說，非常實用。

伏剋飛神為出暴，
飛來剋伏反傷身，
伏去生飛名泄氣，
飛來生伏得長生。
爻逢伏剋飛無事，
用見飛傷伏不寧。
飛伏不和為無助，
伏藏出現審來因。

伏剋飛神為出暴

當伏神有力，便可去剋害飛神。

以火山旅卦為例，世爻辰土被卯木來疏，假若伏神值日，先沖破辰酉的組合，後再對飛神之辰土子爻構成嚴重傷害。這種連鎖性的破壞，令人妨不勝妨，事後才如夢初醒，如遇此等卦象，一定要細心觀察，小心判斷，務求在事發前，作出趨避。

「出暴」有巨大、快速、爆發的意思，所以，一旦條件配合，事情變化極大。

得卦：火山旅（離2）

六親	卦象	飛神	伏神
兄	I	巳	
子	II	未	
財	I 應	酉	
財	I	申	亥官
兄	II	午 ⓈⓉⓊ身	
子	II 世	辰 ◄·········卯父 剋	

飛來剋伏反傷身

若飛神力量強大，相對而言，伏神便處於較弱的狀態，若剛巧飛伏在同一爻位上，飛神便可直接影響伏神，令虛弱的伏神，再受到剋害，至此，伏神的力量，會逐漸被消磨，對整體卦象的影響力，可以說是零。

以占財運為例，得卦「地火明夷」，伏神午火財爻，伏在忌神兄爻下面，若亥水得生旺，午火便受鉗制而被傷害，財運自然不佳。

得卦：地火明夷（坎7）

六親	卦象	飛神	伏神
父	II	酉身	
兄	II	亥	
官	II	丑	
	世		
兄	I	亥 ┈┈▶ 午財
官	II	丑 （剋）	
子	I	卯	
	應		

伏去生飛名泄氣

　　飛伏的結合，出現伏神生飛神的狀況，理論上，伏神一定是飛神的原神，原神會自動補給飛神所需，令飛神運作暢順，完成任務。此時的伏神，具有捨己為人的精神，力量的傾洩，令它在卦中的角色，逐漸退色。

　　從另一角度，伏神又可看成是有力的支持者。占創業，得卦「天山遯」，世持午火官爻，得伏神寅木財爻生旺，不難理解，當事人得到他人資金的支持，助他創業。

　　得卦：天山遯（乾3）

六親	卦象	飛神	伏神
父	I	戌	
兄	I	申	
	應		
官	I	午	
兄	I	申	
官	II	午 ◀┈┈┈ 寅財
	世	生	
父	II	辰	子子

飛來生伏得長生

這種情況，剛剛與「伏去生飛名泄氣」的情況相反，不是伏神去生旺飛神，而是飛神去生旺伏神，此刻，伏神不用出伏，也能對整支卦作出貢獻，它與飛神結合，化成長生的狀態。化成長生，不一定是好，須看占問的事情，才可定其好與壞，不要盲目附和坊間的說法。

占財運，子爻、財爻化長生，可推斷財運綿綿不絕；若占疾病，財爻、官爻化長生，是帶病延年的卦象。取地天泰卦象來進一步去說明，女占婚姻，官爻與父爻化成長生，可以推斷，這段婚姻，能維持長久。長生有一特點，一切事情，發展都比較延緩。

得卦：地天泰（坤4）

六親	卦象	飛神	伏神
子	II 應	酉	
財	II	亥	
兄	II	丑	
兄	I 世	辰	
官	I	寅 (身)	巳 父
財	I	子	

生 →

131

爻逢伏剋飛無事

其實這句訣有點無謂，伏神不能出伏，又焉能去剋制其它飛神（或爻辰）呢？所以，其它飛神，雖見伏剋而實質不可剋也。

用見飛傷伏不寧

用神受傷，與伏神何干？除非它們化長生，否則，用神雖然受傷，亦不一定會影響伏神。

飛伏不和為無助

所謂飛伏不和，是飛神與伏神在同一爻位上，出現互相刑剋的局面，若是用神受刑，占問事情，易受阻礙；倘若是忌神或仇神受剋，在互相撕殺的情況下，反可減其兇燄，有助事情成功。

伏藏出現審來因

這句是結語，沒有特別意思。另外，還有「伏居空地，事與願違」、「空下伏神，易於引拔」、「沖飛露伏」等等。

伏居空地，事與願違

用神潛伏而旬空，占問之事，當然事與願違。

沖飛露伏

伏神的障礙，主要是受飛神的阻隔，當飛神被日辰沖脫，伏神自可出伏，發揮它的功用。

空下伏神，易於引拔

　　飛神旬空，尤如開了一個缺口，讓伏神出伏，不過，不是一見飛神旬空，便說伏神可出，通常在值日之下，伏神才可被引拔出來，是福是禍，須看伏神對它爻的影響。

　　如下圖，伏神官爻，坐在旬空的財爻下，日辰酉金，便可將伏神酉金引拔出來。

得卦：風天小畜（巽2）

六親	卦象	飛神	伏神
兄	I	卯	
子	I	巳 空	
財	II	未	丁
	應		未
			月
財	I	辰 空 酉官	丁
兄	I	寅	酉
父	I	子身	日
	世		

伏神出伏，如脫韁野馬，方向未明，要尋找目標，目標可能在世、可能在應、可能在卦身，也可能是在用神。伏神的力量，可視之為危機、轉機和良機。一切改變，要視乎出伏後的伏神，對整支卦所起的作用，是生扶，還是刑沖；是拱合，還是剋害，要作一個整體評價，才可定案。

一般人對伏神的誤解，主要是忽視飛神的存在，又或者對它視而不見。

舉例來說：
1》若日辰是午，伏神是酉，便成「午酉破」。
2》若日辰是亥，伏神是寅，便成「寅亥合局」。
3》若日辰是未，伏神是子，便成「子未害」。
4》若日辰是酉，伏神是巳，見其中一爻是丑，便成「巳酉丑三合局」。

如果用以上方法判卦，一定錯誤百出。要明白，飛神尤如一道屏障，將日辰與伏神分隔，基本上，伏神是不能直接跟日神產生關係。倘若伏神能出伏，它對用神、世、應、卦身等，是產生一個怎樣的效應，會否將造成吉凶易變，這是整支卦的重點。

【十三】進神與退神

初習易卦，十分在意發動的爻辰，飛神地支是向前行抑或向後走，是來確定這動是進還是退。用卦久了，便會留意到進退神的出現，並不如想像中那般重要，它只可作為爻辰力量之加強或減弱的指標。

定進退神並不困難，以「亥」為起點，順時針為進，逆時針為退。

化進：

亥＞子、丑、寅、卯、辰、巳、午、未、申、酉、戌。

化退：

亥＞戌、酉、申、未、午、巳、辰、卯、寅、丑、子。

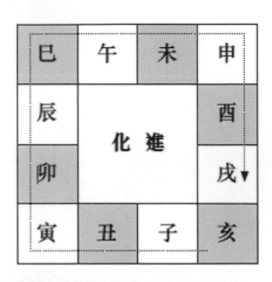

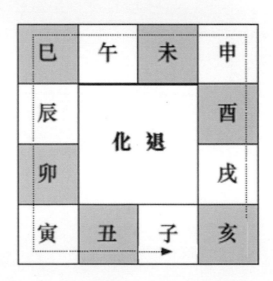

例：進神－亥化辰

占問：女占事業
得卦：雷火豐（坎6）化震為雷（震1）

六親	卦象	飛神	伏神	變卦／後六親
官	II	戌 身		
父	II	申		
	世			
財	I	午		
兄	0	亥 ·········▶		辰財
		化進		
官	II	丑		
	應			
子	I	卯		

亥是起點，由亥化辰，是化進，稱「辰」為進神。

例：進神 － 寅化酉

占問：男占事業
得卦：山雷頤（巽7）化地雷復（坤2）

六親	卦象	飛神	伏神	變卦／後六親
兄	0	寅	化進 ⟶	酉子 身
父	II	子	巳子	
財	II	戌		
	世			
財	II	辰	酉官 身	
兄	II	寅		
父	I	子		
	應			

寅是在亥的前面，再化酉，亦是向前，是化進，稱「酉」為
進神。

例：退神 – 戌化巳

占問：Y小姐占投資
得卦：雷火豐（坎6）化離為火（離1）

六親	卦象	飛神	伏神	變卦／後六親
官	X	戌身 ⋯⋯⋯⋯⋯⋯▶		巳兄
父	II 世	申		
財	I	午		
兄	I	亥		
官	II 應	丑		
子	I	卯		

（化退）

　　戌本是在亥的前面，不過，它化出巳，巳是戌的後面，即回頭走，便是化退，因此，「巳」被稱為退神。

『退神解說』：

* 以Ƴ小姐占投資為例，應官爻丑土生世父爻申金，表面上，投資氣氛是不錯的。

* 上爻戌土官爻又動來生世，加強Ƴ小姐的投資信心。

* 不過，戌化巳是化退，投資情況，並未如Ƴ小姐所期望的。

* 再看巳火的六親，是「兄爻」，兄是破財的象徵；巳回頭合世「巳申合」，化水，本卦水又是「兄爻」。

* 這裡的化退，表示增強投資的不利而已。

【十四】日辰與月建

日辰與月建，可以說是斷卦的成敗關鍵，它們既可成就一件事情，也可摧毀一件事情，可知其力量之大、之強。

《黃金策總斷千金賦直解》中，開宗明義地提出：「日辰為六爻之主宰，喜其滅項以安劉；月建乃萬卦之提綱，豈可助桀而為虐。」

日辰是六爻之「主宰」，月建只是卦之「提綱」，所以日辰與月建，又以日辰比月建為重要。

直至現在，還有不少人，在斷卦時，力量怎樣去區分，仍然弄得不清不楚，他們大都認為，太歲最重，月建次之，日辰最微，誰不知，一切一切，卻剛剛相反。用易卦的人，一定要清楚知道，力量的排列，以日辰最強，月建次之，太歲最弱。所以，斷卦不先看日辰與世、應的關係，根本就脫離了卦象的本義，捉不著卦心，卦心者，事情的重點也。

月建的力量，只能在月內發動，而日辰的力量，則運行於全年。若不知其分別，只論太歲對六爻之好壞，焉能準確地推斷六爻的實況呢？

另一方面，日辰與卦中六爻，因六爻處於不同的狀態，便可結合成很多不同的組合，當中的吉凶變化，不能以一爻斷之，要從整體卦象分析，綜合判斷。

現舉例如下：

1》日辰能沖起旺相靜爻。

2》日辰能沖實旬空之爻。

3》日辰能沖散休囚之爻。

4》日辰能扶、拱、合衰弱之爻。

5》日辰能抑制強旺的忌神，轉凶為吉

6》日辰能引拔得用伏神，以成其事。

但凡卦中忌神妄動，而用神休囚，若幸得日辰來剋制忌神，又能生扶用神，萬事皆能轉危為安。

例 – 日辰沖起旺相靜爻

占問：男占財運
得卦：地雷復（坤2）

六親	卦象	飛神	伏神	
子	II	酉		
財	II	亥		壬
兄	II	丑		子
	應			月
兄	II	辰		甲
官	II	寅	巳父	午
財	I	子 ◄⋯⋯⋯ 沖起		日
	世			

例 – 日辰沖實旬空之爻

占問：男占合作
得卦：水地比（坤8）

六親	卦象	飛神	伏神

財　II　子
　　應
兄　I　戌 ⊙空
子　II　申
官　II　卯
　　世
父　II　巳
兄　II　未

戊戌月戊辰日

沖實

例 - 日辰沖散休囚之爻

占問：男占姻緣
得卦：風水渙（離6）

六親	卦象	飛神	伏神

父　　I　　卯

兄　　I　　巳
　　　世

子　　II　　未　　　酉財

兄　　II　　午　　　亥官

子　　I　　辰 身 ◀⋯⋯ 沖散

　　　應

父　　II　　寅

丙寅月庚戌日

例 – 日辰扶、拱、合衰弱之爻

占問：女占財運
得卦：坎為水（坎1）

六親	卦象	飛神	伏神
兄	II 世	子	
官	I	戌	己
父	II	申	亥
財	II 應	午	月
官	I	辰	辛
子	II	寅	巳日

失令為衰弱

日辰同氣，拱扶午火

例 – 日辰抑制強旺的忌神，轉凶為吉

占問：男占生意
得卦：火雷噬嗑（巽6）

六親	卦象	飛神	伏神
子	I	巳	
財	II 世	未	壬寅
官	I	酉	
財	II	辰	乙酉
兄	II 應	寅	日
父	I	子	

坐月建

日辰剋制

例 – 日辰引拔得用伏神，以成其事

占問：男占財運
得卦：風山漸（艮8）

六親	卦象	飛神	伏神
官	I 應	卯	
父	I	巳 ⑤空 ⋯子財	辛 亥 月
兄	II	未	
子	I 世	申	引拔	庚 子
父	II	午	
兄	II	辰 ⑤空	日

　　以上各點，為了方便說明，均以靜卦為例，若卦中見重動或交動化出的爻辰，同樣受到日辰和月建的左右，其理相同，不過，動化後的五行及六親的分佈，要重新去評估。

【十五】伏吟、反吟

　　無論是伏吟或反吟，它的出現或形成，其實是爻辰發動中，其中的一種結果。反吟、伏吟，都是對事情狀況的反射，不過，各自各有不同的表述。所謂「伏吟」，是由兩個相同的地支組成，當然，它一定是同一爻位而發，例如，子化子、寅化寅、午化午、申化申、戌化戌…………. 等等。

　　占問：女占事業
　　得卦：火天大有（乾8）化火雷噬嗑（巽6）

六親	卦象	飛神	伏神	變卦／後六親
官	I	巳		
	應			
父	II	未		
兄	I	酉	伏吟	
父	O	辰 ┈┈┈┈┈▶		辰財
	世		伏吟	
財	O	寅 ┈┈┈┈┈▶		寅兄
子	I	子		

　　伏吟的出現，表示事情的發展，正處於徘徊的狀態，當事人猶疑未決，十五十六，不能作出取捨。此卦世位辰化辰，可以推斷，當事人的事業，正應於低沉局面，未有發展目標。

反吟的地支變化，與伏吟不同，化出的地支，跟本卦的地支，必成六沖之局。例如，寅化申、卯化酉、午化子、亥化巳、辰化戌、丑化未等。凡見六沖，兩地支互相沖剋，所以，事主必有煎熬，而事情必見反覆。

占問：女占感情

得卦：地風升（震5）化坤為地（坤1）

六親	卦象	飛神	伏神	變卦／後六親
官	II	酉		
父	II	亥		
財	II	丑	午子	
	世		反吟	
官	0	酉◄┈┈┈┈┈┈┈┈		卯官
父	0	亥◄	寅兄	巳父
財	II	丑		
	應		反吟	

女占感情，兩間爻都化反吟，一爻是官化官，另一爻是父化父，可以推知她的感情生活，是何等反覆，何等煩惱！因此，世位才出現丑午害的局面。

卦例：伏吟

西曆:		2012	年		12	月		16	日
陰曆:	壬	辰	年	壬	子	月	辛	亥	日
占問:	男占 物業出售								
得卦:	乾為天 (乾1) 化 天雷无妄 (巽5)								
卦身:	巳			旬空:		寅、卯			

卦爻	六獸	六親	卦象	飛神		伏神		變卦	後六親
上爻	蛇	父	\	戌					
			世						
五爻	勾	兄	\	申					
四爻	朱	官	\	午					
三爻	龍	父	O	辰				辰	財
			應						
二爻	玄	財	O	寅	空			寅	兄	空
初爻	白	子	\	子					

以上『伏吟』卦例解說：

• 　　世應辰戌六沖，物業正在放售中。

• 　　應青龍來沖世，青龍為喜慶，父爻是文書、契約，可以推
　　　斷，若他肯賣這單位，是可以成交的。

• 　　為甚麼到現在，物業還正在放售中？他拿不定主意，因為
　　　應位辰土化辰土，是化「伏吟」，化出的辰土，後六親是
　　　「財」，好明顯，他認為樓價會繼續升，遲些賣，可賣高
　　　價一點。

• 　　二爻同時是化「伏吟」，寅財化寅兄，也是「自空化空」，
　　　最終成功出售的機會不大。

【十六】獨靜與獨發

何謂「獨靜」？是指卦中六爻，五爻俱發，獨留一爻靜而不動，這種情況，顯示占問之事，非常紛亂，而且擾擾攘攘，此刻靜爻獨處，反而處變不驚，觀準時機，務求一擊即中。

占問：男占升職
得卦：澤水困（兌2）化艮為山（艮1）

六親	卦象	飛神	伏神	變卦／後六親
父	X	未		寅官
兄	O	酉		子財
子	O 應	亥		戌兄
官	X	午		申子
父	O	辰	獨靜	午父
財	II 世	寅 ◄┈┈┈┈┈┈┈		

問升職，以官爻為用神，而財爻是官爻的原神，原神旺，用神亦旺。若寅月卯日來占，只要克守本份，努力工作，升職指日可待。

　　「獨發」較容易明白，它與「獨靜」，處於相反的概念。「獨發」為五爻皆靜，卦內只有一爻發動，問題便隱藏在這獨發的爻中。

　　占問：男占創業
　　得卦：水澤節（坎2）化水天需（坤7）

六親	卦象	飛神	伏神	變卦／後六親
兄	II	子		
官	I	戌		
父	II應	申		
官	X	丑		▶ 辰兄
子	I	卯		
財	I世	巳		

（獨發）

　　一爻獨發，應以此為據，官爻為創業的用神，化辰土兄爻，多有生意淡薄，週轉不靈的情況出現。

　　注意，不論爻辰是「獨靜」還是「獨發」，斷卦以此為重點，結局不中亦不遠矣！

【十七】應期

談到應期部份，真不知如何去下筆！

易卦的應期，隨著各種因素加減，很難定出一條清楚的界線。同一支卦，因日辰、月建之不同，克應之期可能有別；同一支卦，有動爻和沒有動爻，應期亦有相異，再細緻一點，重動或交動，也會令應期有變；再者，旬空與否，亦是應期考慮之列。因此，斷應期，很講求斷卦經驗，當你掌握卦中變化，自然可正確地得知應期所在。

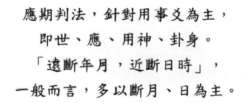

應期判法，針對用事爻為主，
即世、應、用神、卦身。
「遠斷年月，近斷日時」，
一般而言，多以斷月、日為主。

雖然判應期較難，以下一些原則，可以作為參考：

1》用事爻旺靜，待日辰沖動，力量啟動之時。

2》用事爻臨日辰，用神得助，動來生合世爻或卦身。

3》用事爻合著，如世應相合，或它爻發動，回頭合用神，一切處於靜止狀態，須待日辰之力，將合沖開，才能成事。
　　例如「寅亥合」，要待行至日辰「申」或「巳」才是克應期。

4》用事爻休囚，須行至生旺月份，事情才有轉機及明朗化。

5》卦中用神受忌神刑剋，得日、月制伏忌神，應期所在。

6》用事爻失令而發動，化出之爻，待至月、日生扶，多為應期。

7》用事爻動化入墓，須待日、月沖破，才是應期。

8》用事爻旺相安靜，遇旬空，待日、月沖空，乃是應期。

9》用事爻安靜，遇旬空，待值月、值日，填實旬空，是應期日。

　　斷應期，不可執泥於一訣一法，要融會貫通，靈活運用，才可掌握。

【十八】動、破、發、散

　　《易隱》這本古書，內有不少資料，值得我們花點時間去整理和研究。在書中之〔刑害破空辯〕章節裡，提到六爻互相沖會時，便出現『動、破、發、散』四種不同狀態。究竟何為「動」？究竟何為「破」？究竟何為「發」？究竟何為「散」？為了讓讀者明白，筆者從書中抄下四句訣法，與各位一起討論，這樣，大家才會覺得有意思、有趣味。

靜逢沖為動；

動逢沖為破；

旺相逢沖則發；

休囚逢沖則散。

　　看字面，讀者或許有點不明所以，其實，全部訣法內容，都離不開基礎問題，相信只需略加解釋，大家自會清楚每句訣法的含意。

『靜逢沖為動』

　　這裡的靜，是指靜卦而言。靜卦六爻不動，自然欠缺動力，所謂「無動不變」。若要動，便要借助外力，借助日辰月建之衝擊力，將這個寂靜不動的局面打開，我們可稱之為「換局」，換來一個新的局面。新局面是好是壞，除了看用事爻本質的優劣外，還要審視被沖的爻辰，在卦中產生怎樣的連鎖反應，才可下判斷。

　　占問：財運
　　得卦：雷風恆（雷4）

六親	卦象	飛神	伏神	
財	II 應	戌		巳 月
官	II	申		
子	I	午		辰 日
官	I 世	酉		
父	I	亥	寅兄	
財	II	丑		

沖（戌 ← 辰）

・卦靜象靜，一切寂然不動，日辰「辰」土沖戌土財爻，令卦象生起動力，也生起變化。

・這便是『靜逢沖為動』的意思。

『動逢沖為破』

其意是指發動的爻動，恰巧為日破或月破，稱為沖破，其意為破壞。占問事情，定必難以成功。

占問：財運
得卦：雷風恆(雷4) 化 火風鼎(離3)

六親	卦象	飛神	伏神	變卦/後六親
財	X 應	戌◄		巳兄
官	II	申		
子	I	午		
官	I 世	酉		
父	I	亥	寅兄	
財	II	丑		

沖破

辰
月

• 戌土發動，被月建「辰」土沖破，稱為月破。
• 戌土受破，即『動逢沖為破』，其意是好夢難成。

對於這個觀點，筆者仍有保留。

第一，爻動分重動和交動兩種。「重動」指事情已發生，一切已既成事實，日、月來沖，真的可沖破重爻？若是如此，我們判卦，便要回到過去，不理現實情況，這合乎情理嗎？再者，假使動爻能破，又何須化出一個新的「爻辰」來呢？大家用心去想想，便知問題所在！

第二，發動的爻，力量不可與靜爻相提並論，如爻辰有力，為何不是沖起而是沖破呢？

第三，交動是指未來發動之爻。若此刻爻辰被沖破，是否意味著該爻最終發動無從？若是，這交爻 (X) 的出現，在卦理上便全無意義！何不在出卦時，乾脆以拆爻 (II) 代之？

各位讀者不妨多動腦筋、多作印證，定能找出正確的答案。

『旺相逢沖則發』

　　「旺相」兩字，暗示爻辰需要配合時空。爻辰值月，是為當令；爻辰值日，力量強橫。我們判卦，不可單從字面來解釋，亦不可只從某爻來決定。若見官爻被沖，便判事業有變；若見父爻被沖，便判父母有傷；若見兄爻被沖，便判錢財有損；若見財爻被沖，便判發財有機。倘真的如此，斷卦未免流於表面。

　　所謂「旺相逢沖則發」，其背後含意，其實是指用神或用事爻當令或有氣，被日月沖起而得用，表示占問之事，必得成功。

『休囚逢沖則散』

　　這句是緊接上句而來。「旺相」的反面是「休囚」，暗示用事爻辰失落於時空，虛弱而無力，怎可抵擋日月迎面而來的衝擊力呢？用不死也傷來形容，可謂貼切不過，因此，前人以「沖散」來總結事情的結局。

【十九】一爻三應

在鑽研象數易的過程中，曾遇上不少難題，幸好，從中也得到一些啟發，將它們整理聚合，便成為自己的判卦心得。當中，以「一爻三應」的應用，可以說已突破前人狹窄的推斷空間。

在易卦古籍中，是找不到「一爻三應」這個名字的踪影。何解？因為它是由筆者定名的。所謂「三應」者，即爻辰能應於「時空」，亦能應在「人事」，也能應在「特性」。「三應」之特色，是用來填補傳統判卦之不足，也可提升斷卦的準確度。

一般人用卦，著重捉用神方面。他們花盡心神，只有一個目的，就是要找出答案。其實，一卦六爻，每個爻辰，都蘊藏著三種信息的傳遞。請不要誤會，此概念不是用來斷卦，而是用來折射各爻辰在時空交替中的狀態。

「一爻三應」的功用，分為三方面：

第一應，應在「時空」。這用來探討爻辰之旺弱。先不考慮爻辰的落點，單以爻辰論時空，以得令為旺，在失令為弱，顯示爻辰存在的力量。

〔強之爻辰〕

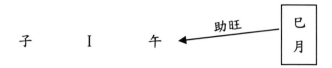

子　　　I　　　午 ← 助旺 ── 巳月

〔弱之爻辰〕

子　　　I　　　午 ← 尅制 ── 亥月

　　第二應，應在「人事」。用來了解六親所擔任角色及其行為動靜。例如兄爻主阻隔，父爻主憂慮，財爻主收入，官爻主官非，子爻主開創等。

〔占事業〕── 六親在人事的演繹：

上司＞	父
同事＞	兄
下屬、制度＞	子
薪酬＞	財
職位＞	官

〔占投資〕— 六親在人事的演繹：

客户＞　　　　　　　　父
炒家＞　　　　　　　　兄
項目質素＞　　　　　　子
交投＞　　　　　　　　財
官方政策＞　　　　　　官

第三應，應在「特性」。用來認清六獸本質，藉此了解自己，明白形勢，進退在握。

〔占恆生指數〕—六獸在環境的演繹：

大市低沉＞　　　　　　玄
大市崩散＞　　　　　　白
大市不振＞　　　　　　蛇
持續弱勢＞　　　　　　兄
唱差大市＞　　　　　　朱
國際炒家＞　　　　　　龍

這個「一爻三應」的概念，看似簡單，但要用得好，並不容易。若各位讀者能運用自如，在推斷時，便會理解卦象，發揮其指導效用。

【二十】「午酉」相破

易卦的運作，總離不開「生扶拱合，刑沖剋害」八種情況。「午酉破」的出現，無疑是對傳統斷卦原則的一種補白。「午酉相破」的克應，必定是『快、狠、準』。

不是空口說白話，若然成局，其準確程度，無不令人嘖嘖稱奇！因此，個人認為，它可以說是近代易卦前輩的一個重要徵驗。

一般而言，「午」火臨日、月或化爻，力量強橫，能剋破爻辰「酉」金，這是真真正正的「午酉破」。午剋酉，火破金，火來快速，其最大的克應特點是「突然其來」的剋破，令當事人沒法逃避，也沒法招架，只有無奈地接受！

反過來說，酉金雖臨日月，算是它有足夠力量將午火熄滅，也沒法做到「突然」的克應，所以，金剋火，不成午酉破，只屬於五行反悔中的情況。

　　「午酉破」發生在不同的課題上，會有不同的意思。現舉「占事業」為例，讓讀者可參考一下。

　　占事業：

- 「午」火破用神官爻「酉」金，官爻受破，是被解僱的徵兆。
- 「午」火破兄爻「酉」金，阻礙消除，事業發展向上。
- 「午」火破財爻「酉」金，薪酬被斷，可能是公司結業或失業的先兆。
- 「午」火破子爻「酉」金，制肘力量大減，工作順利。
- 「午」火破父爻「酉」金，困擾盡去，工作愉快；若然官爻旬空，父爻破散，可能是轉工的徵兆。

例：午酉破

　占問：S 先生占感情
　得卦：雷風恆(震 4)

六親	卦象	飛神	伏神	
財	II 應	戌		卯 月
官	II	申		
子	I	午	破	午
官	I 世	酉	◄·········	日
父	I	亥	寅兄身	
財	II	丑		

・官爻受破失位，S 先生與對方的感情，即時一刀兩斷。

【二十一】「丑午寅」主變動

　　傳統象數六爻，沒有「午酉破」的應用，也沒有「丑午寅」的克應。為甚麼？皆因古代術者，將重點放在爻辰的生剋制化之上，對新組合的形成，未加留意。發展至明清兩代，易卦的運用，仍然遵從著傳統方法。由於社會環境不斷向前，人事關係不斷變更，傳統的用法，往往不足以完全地反映事情的真相。有見及此！明清以後，不少有心人，擴闊了易卦的研究，重新進行整理、記錄及徵驗等工作。及後，才發現了「午酉」和「丑午寅」這兩個組合的存在。

　　不知各位有沒有留意，兩者存在一個共通處。「午酉」是急破敗壞，而「丑午寅」帶突發變動。「急破」與「突發」，其實是快的意象。組合中，它們各藏地支「午」火，火意急且快，正好借來一用，去引發「午酉」和「丑午寅」的突變性質。

　　上一章節已解釋了「午酉破」的組合和克應。在這裡，我們將視焦放回「丑午寅」方面。學卦初期，筆者對「丑午寅」這個組合，總是弄不清其結構之由來，找不到其突變的理據。其實，只要用上最基礎的原理，便可作出推論。「寅」木生「午」，火旺可生「丑」土。由於「丑」是金庫，火旺熔金，令土質結構分離；火旺亦加快水份蒸發，使土質龜裂鬆散。三者成局，便形成一個急速分解的意象，才被引用為「突變」的克應。由於這類例子不多，要掌握當中變化，實在不易，幸好在研究途中，得到易友提供一些實例，有助定立正確的方向。

一般人都認為「丑午寅」是一個很可怕的組合。何解？因為「丑午寅」被稱為兵變之局。在古代，兵變即造反，是要不得的行為，易招殺身之禍。故此，此局帶有很強烈的肅殺意味！按此論調，占事業，便出現侵吞老闆業務資產的行為；占姻緣，便出現奪友所愛的舉動。若真的如此，天下必然大亂，個個卜卦者必視「丑午寅」為惡局，也不知怎樣跟當事人解釋箇中因由。

由開始至今，筆者一再強調，卦無絕對，只有相對。對待「丑午寅」時，應用上同一的態度。「丑午寅」被冠上兵變之名，其實不甚恰當。若成局，事情會有突變，這倒是事實，不過，「丑午寅」的突變，其實沒有好壞之分。舉個例說，某君工作的部門突變被解散，確是「丑午寅」的克應。看上來是極差的變動，其後，他被調到新部門，得新上司賞識，自此扶搖直上，登上事業高峯。若沒有「丑午寅」的突變，哪來事業的機遇呢？故此，將「丑午寅」稱為「動變之局」，可能更適合。

現舉兩實例，跟大家分享。

〔實例一〕

西曆：2000 年 11 月 27 日

陰曆：庚辰年戊子月己丑日

占問：T 先生占事業

得卦：天山遯 (乾3) 化 坤為地 (坤1)

卦身：未　　　　旬空：午、未

六獸	六親	卦象	飛神	伏神	變卦/後六親	
勾陳	父	O	戌		酉子	
朱雀	兄	O	申		亥財	戊
		應				子
						月
青龍	官	O	午空		丑兄	
玄武	兄	O	申		卯官	
白虎	官	II	午空	寅財		己
		世				丑
騰蛇	父	II	辰	子子		日

- 世、伏神、日辰成「丑午寅」變局。

- T 先生的事業必有突變。五天後，行至「甲午日」，填實午火，那天他被公司解僱，並獲得數十萬的補償。

- 其後，他拿了這筆錢去創業，賺取人生的第一桶金。現在的他，有自己的公司，生活穩定。若然他沒遇上這個「丑午寅」變局，他的一生，可能只會庸庸碌碌的度過。

〔實例二〕

西曆：2016 年 12 月 16 日

陰曆：丙申年庚子月壬申日

占問：Jack占「丁酉年」自身

得卦：山天大畜(艮3) 化 風火家人(巽3)

卦身：丑　　　　旬空：戌、亥

六獸	六親	卦象	飛神	伏神	變卦/後六親	
白虎	官	I	寅			
螣蛇	財	X	子		巳子	庚子月
		應				
勾陳	兄	II	戌空			
朱雀	兄	I	辰	申子		
青龍	官	O	寅	午父	丑財身	壬申日
		世				
玄武	財	I	子			

分析及推斷：

· 世在二爻坐官爻，事業發展，多不如意。

· 卦身落入化爻丑財上，他寄望搵大財、賺大錢。恰巧世、伏神、
化爻成「丑午寅」變局。提供他一次的機會。

· 由於是重動，變動已經開始。青龍主遠方，化出是財爻卦身，
可以推斷，這次變動，利求遠方財。

· Jack 回覆，他突然得到朋友介紹，接到一些海外工作，報酬
不俗，又不影響現有工作。長遠來說，也可發展為兼職事業。

· 受青龍的影響，變動來得溫和、正面。

　　「丑午寅」成局，只知變動是突如其來，但結局會是如何，
此刻還是無法下一個定論。

推斷實例

實例〈1〉

西曆:		2012	年		6	月		6	日
陰曆:		壬	辰	年	丙	午	月	戊	戌	日
占問:		胡先生占 升職							
得卦:		澤山咸 (兌4) 化 天山遯 (乾3)							
卦身:		寅			旬空:		辰、巳		
卦爻	六獸	六親	卦象	飛神		伏神		變卦	後六親
上爻	朱	父	X	未				戌	父
			應						
五爻	龍	兄	\	酉					
四爻	玄	子	\	亥					
三爻	白	兄	\	申					
			世						
二爻	蛇	官	\\	午		卯	財		
初爻	勾	父	\\	辰	空				

分析及推斷：

- 從世、應、日辰去看，胡先生世持申金兄爻，受制於月令，卻得日辰生旺，兄爻是有力量的，不過白虎加臨，性格上比較自信及霸道，尤其是在夏季裡，他在工作上，總是處處受制。

- 應朱雀父爻未土，動來生世，對胡先生升職一事，得到上司口頭承諾，盡力幫助。

- 應位是升職位置，父爻未土化父爻戌土，父爻的另一解釋是升職消息，此刻「未」與「戌」彼此相刑，可以推斷，消息未必是正面的。

- 問升職，以官爻為用神。若官爻得生旺，成事機會較大。不過，用神落於閒爻，又靜而不動，已失去主導力，再者，日辰來洩，事業未能一躍而起，升職的機會不大。

實例〈2〉

西曆：		2012	年		6	月		18	日	
陰曆：		壬	辰	年	丙	午	月	庚	戌	日
占問：		小梨占與M小姐合作								
得卦：		山澤損 (艮4) 化 山雷頤 (巽7)								
卦身：		申			旬空：		寅、卯			

卦爻	六獸	六親	卦象	飛神		伏神			變卦	後六親	
上爻	蛇	官	\	寅	空						
			應								
五爻	勾	財	\\	子							
四爻	朱	兄	\\	戌							
三爻	龍	兄	\\	丑		申	子	身			
			世								
二爻	玄	官	O	卯	空				寅	兄	空
初爻	白	父	\	巳							

分析及推斷：

- 世持兄爻，當然以回報的高低為基本。世伏子爻申金，與丑化長生，這次合作，必需要較長時間去發展，才收到成效。

- 因為日辰戌土刑世，雖然有青龍相配，可以推斷，這次合作，表面上是風光，實質當中的辛勞與煩擾，真不足為外人道。

- 應持騰蛇官爻寅木，入夏已逐步退氣，從合作的角度去看，這門生意發展的空間有限，而且，寅木旬空，可以肯定，小梨對合作的興趣不大。

- 二爻重動，卯木官爻化寅木兄爻，恰巧兩者皆落旬空，變成一個「自空化空」的壞組合，合作當然很難成事。

- 其實世伏子爻，卦身所在，已隱隱透露出，小梨抗拒合作。

- 據卦象分析，合作不成功。

回覆：小梨推卻好友 M 小姐的合作建議，只暫時協助她處理日常業務，待一切穩定，便可抽身而退。

實例〈3〉

西曆：		2012	年		2	月		17	日		
陰曆：		壬	辰	年	壬	寅	月	戊	申	日	
占問：		D小姐占事業(求職)									
得卦：		地火明夷 (坎7) 化 坤為地 (坤1)									
卦身：		酉			旬空：		寅、卯				
卦爻	六獸	六親	卦象	飛神		伏神			變卦	後六親	
上爻	朱	父	\\	酉	身						
五爻	龍	兄	\\	亥							
四爻	玄	官	\\	丑							
			世								
三爻	白	兄	O	亥		午	財		卯	官	空
二爻	蛇	官	\\	丑							
初爻	勾	子	O	卯	空				未	兄	
			應								

分析及推斷：

• 世、應、日辰的組合，可先分析 D 小姐的此刻處身情況。世持官爻丑土，被日辰來洩，又被應子爻動化來剋，D 小姐處身被動狀態。

• 應子爻動化兄爻未土，此兄爻回頭沖世，有兩種解釋。其一，兄爻有劫財象徵，D 小姐會被壓低薪酬；其二，沖世，官爻便動，申請職位是有機會。

• 三爻呼應「應」位卦象，白虎兄動主劫財，化官爻卯木，可以推斷，只要 D 小姐肯接受較低的薪酬，可獲聘用。

• 為何化卯木官爻，卻又落旬空呢？因為填實或沖實之日，多是應期。

• 卦身在上爻，附於朱雀父爻酉金上，配合官爻卯木，是剋應之日。

• 市道差，雖然人工未如理想，我勸 D 小姐接受這份工作，可有固定收入，她亦同意。

回覆：D 小姐在 3 月 01 日（辛酉日）接到電話被通知，她已獲聘。

實例〈4〉

西曆：		2011	年		6	月		11	日
陰曆：		辛	卯	年	甲	午	月	丁	酉	日
占問：		C女士占升職								
得卦：		地澤臨 (坤3) 化 水雷屯 (坎3)								
卦身：		丑			旬空：		辰、巳			

卦爻	六獸	六親	卦象	飛神		伏神			變卦	後六親
上爻	龍	子	\\	酉						
五爻	玄	財	X	亥					戌	官
			應							
四爻	白	兄	\\	丑	身					
三爻	蛇	兄	\\	丑	身					
二爻	勾	官	O	卯					寅	子
			世							
初爻	朱	父	\	巳	空					

分析及推斷：

・占升職，以官爻為用神。

・世應財官相生，本主升職有望，偏偏遇上間爻中的兩個丑土兄爻，又是卦身所在，升職定遇阻滯。

・此卦世、應兩爻俱變，能否扭轉乾坤，要進一步分析：

1）應由財化戌土官爻，似出現一個新希望，卻遭日辰酉金來穿，升職機會，又大打折扣了。

2）世由官爻化子爻，加強剋官爻之力，升職前景，更是渺茫。

・這支卦可判升職不成。

回覆：C小姐為公務員，今年仍未能通過評審，升職落空。

實例〈5〉

西曆：		2012	年		4	月		21	日
陰曆：		壬	辰	年	乙	巳	月	壬	子	日

占問：	W小姐占事業

得卦：	水地比 (坤8) 化 澤地萃 (兌3)

卦身：	申		旬空：	寅、卯

卦爻	六獸	六親	卦象	飛神		伏神			變卦	後六親
上爻	白	財	\\	子						
			應							
五爻	蛇	兄	\	戌						
四爻	勾	子	X	申	身				亥	子
三爻	朱	官	\\	卯	空					
			世							
二爻	龍	父	\\	巳						
初爻	玄	兄	\\	未						

分析及推斷：

・看世、應、日辰出現子卯刑的狀況，此刻，事業必難以開展。

・世持卯木官爻，得應財爻子水夾日辰之力來生，本主事業理想。
不過，子水與卯木成「子卯相刑」的局面，相刑有進退不得的
意思。

・進一步探討，世卯木官爻既失於時令，又入旬空，W小姐是否
用心做好這份工作，也是一個疑問。何以有此說？她持六獸朱
雀，說話了得，並且說得漂亮，但在執行上，多力有不逮。

・整支卦只得四爻在發動，申金子爻化亥水子爻，有什麼含意呢？
子爻發動必剋官爻，既然世卯木官爻受申金子爻動來剋制，事
業又怎能有發展，再化亥水子爻，表面上得亥水生世，實質子
爻再次去剋官，如果想有發展，除了實事實幹外，還須處理好
人際關係。

回覆：直至壬辰年下半年，事業沒有任何變動。

實例〈6〉

西曆:		2011	年		5	月		22	日
陰曆:		辛	卯	年	癸	巳	月	丁	丑	日

占問:	卓小姐占梁先生之緣份

得卦:	巽為風 (巽1)

卦身:	巳		旬空:		申、酉

卦爻	六獸	六親	卦象	飛神		伏神		變卦	後六親
上爻	龍	兄	\	卯					
			世						
五爻	玄	子	\	巳	身				
四爻	白	財	\\	未					
三爻	蛇	官	\	酉	空				
			應						
二爻	勾	父	\	亥					
初爻	朱	財	\\	丑					

分析及推斷：

- 女占緣份，以官爻為用神。

- 世應卯、酉六沖，似在暗動，不過，飛神卯、酉兩地支，在夏季失令，看似動，實質無力去動。

- 問姻緣或緣份，最好財爻和官爻在世應對位，結局和美。這支卦世持青龍兄爻，卓小姐是一個有自信的人，而應持螣蛇官爻，此男子個性疏懶，凡事比較被動。世應彼此相剋而非相生，問緣份，多不吉利。

- 官爻旬空，男未有意，卦身在子爻巳火，女未能接受，最終必不了了之。

回覆：卓小姐已到適婚年齡，還是孤單隻影，有朋友推波助瀾，介紹男子給她，但她不知怎樣做，便起一卦，結果，她還是婉拒。

實例〈7〉

西曆:		2011	年		1	月		25	日	
陰曆:		庚	寅	年	己	丑	月	庚	辰	日
占問:		H小姐占辛卯流年姻緣								
得卦:		風山漸 (艮8) 化 風火家人 (巽3)								
卦身:		寅			旬空:		申、酉			
卦爻	六獸	六親	卦象	飛神		伏神			變卦	後六親
上爻	蛇	官	\	卯						
			應							
五爻	勾	父	\	巳		子	財			
四爻	朱	兄	\\	未						
三爻	龍	子	\	申	空					
			世							
二爻	玄	父	\\	午						
初爻	白	兄	X	辰					卯	兄

分析及推斷：

• 女占姻緣，以官爻為用神。

• 這支卦是占辛卯流年姻緣，所以，我們的重點是考慮 H 小姐能否在這流年內，找到理想對象。

• 世持青龍子爻，H 小姐必然是一個有能力的人，但是，子爻剋制官爻，不利女占姻緣，幸好，申金旬空，剋官之力大減，並留有空間，給有意者進來。

• 從應位之卯木官爻坐太歲來看，她一定有結識異性的機緣。

• 卦中只有初爻兄動，兄動劫財，H 小姐本身是財爻，即有人來追。其動是兄化兄，從另一角度看，這人多是她認識的朋友或同事。

• 至農曆八月（酉月），沖動卯木官爻，應是男方主動出擊之時。

回覆：H 小姐一個人居住，大約 2011 年 9 月中（農曆八月），她患有感冒，一不小心，在家裡撞傷，她情急之下，致電一位男性的朋友，陪她看醫生，就此，兩人一撻即着，並打算在 2012 年內結婚。

實例〈8〉

西曆:		2008	年		5	月		16	日	
陰曆:		戊	子	年	丁	巳	月	丙	辰	日
占問:		譚小姐占新居								
得卦:		火風鼎 (離3) 化 水風井 (震6)								
卦身:		丑			旬空:		子、丑			

卦爻	六獸	六親	卦象	飛神		伏神			變卦	後六親	
上爻	龍	兄	O	巳					子	父	空
五爻	玄	子	X	未					戌	財	
			應								
四爻	白	財	O	酉					申	官	
三爻	蛇	財	\	酉							
二爻	勾	官	\	亥							
			世								
初爻	朱	子	\\	丑	身空	卯	父				

分析及推斷：

• 占新居，與占家宅相同，一般以子爻、財爻見生旺為理想結構。

• 世持官爻亥水，月沖日剋，同時又是二爻家宅位置，簡而言之，可斷家宅不安寧。加上應位子爻交動來剋，化財爻戌土，日辰辰土沖起，戌土又再剋世，可謂重重受制，預計譚小姐一家入住後，諸多不順。

• 怎樣家宅不安寧，我們可從其它爻去推斷。財爻酉金失令於夏季，財運不佳。四爻白虎財動主破財，化申金官爻，其破財原因，多與疾病有關。上爻青龍兄爻重動化父爻，龐大的支出，令她感到十分煩惱。

• 從卦身朱雀丑土子爻旬空推斷，入住後，一家常因小事爭拗，再伏父爻忌神，可以看到，整支卦是互相呼應的。

• 綜合而言，這新居所帶來的問題，不外乎疾病、爭拗、破財三方面。

回覆：入伙十日，譚小姐幼女有急性腸胃病，須叫救護車送院看急症。大約一年後，在每年的婦科檢查中，醫生發現她有纖維瘤。

實例〈9〉

西曆:	2008		年		7	月		11	日
陰曆:	戊	子	年	己	未	月	壬	子	日
占問:	Y先生占家宅								
得卦:	天雷无妄 (巽5) 化 兌為澤 (兌1)								
卦身:	卯			旬空:		寅、卯			

卦爻	六獸	六親	卦象	飛神		伏神		變卦	後六親	
上爻	白	財	O	戌				未	父	
五爻	蛇	官	\	申						
四爻	勾	子	\	午						
			世							
三爻	朱	財	\\	辰						
二爻	龍	兄	X	寅	空			卯	財	身空
初爻	玄	父	\	子						
			應							

分析及推斷：

· 占家宅，子爻、財爻為佳。

· 世持勾陳午火子爻，夏季當令，子爻乘旺，本主開心吉利，奈
　何應位忌神父爻，挾日辰之力，沖剋子爻，子爻力量自然大減，
　可判吉處藏凶，家運反覆。

· 上爻重動，白虎財爻戌土化父爻未土，因財煩惱。

· 二爻青龍寅木兄爻，化卯木財爻，看起來不錯，不過，它組成
　一個很壞的「自空化空」組合，又是卦身所在，可以肯定，居
　住此屋，錢財耗散難聚。

回覆：自入住此屋後，Y先生各項支出增加，常常出現入不敷支
　　　的情況。

實例〈10〉

西曆:		2011	年		3	月		31	日	
陰曆:		辛	卯	年	辛	卯	月	乙	酉	日
占問:		黃先生占家宅								
得卦:		地山謙 (兌6)								
卦身:		戊		旬空:		午、未				
卦爻	六獸	六親	卦象	飛神		伏神		變卦	後六親	
上爻	玄	兄	\\	酉						
五爻	白	子	\\	亥						
			世							
四爻	蛇	父	\\	丑						
三爻	勾	兄	\	申						
二爻	朱	官	\\	午	空	卯	財			
			應							
初爻	龍	父	\\	辰						

分析及推斷：

· 占家宅，沒有特定用神，一般以見旺相的子爻和財爻為佳。

· 世持子爻，得日辰生旺，基本上，一家都健康愉快，不過，對黃先生的事業，是有點不利。

· 應位朱雀官爻午火，雖入旬空，因得春天木氣生旺，亦不算空。不空的官爻，多多少少會帶來一點是非及煩惱，其煩惱的源頭，可能來自家庭，也可能來自工作，亦可能來自朋友，須小心求証。

· 看他家庭的整體財運，財爻伏在官爻之下，不時要生旺飛神官爻，今年財運不甚理想。

· 此宅流年除了財運較弱外，其它都可以接受。

回覆：黃先生在辛卯流年，一家生活得平平安安，女兒讀書好，太太工作穩定。他自己從事的銷售生意卻不如理想，收入不穩定，時有入不敷支的情況。

實例〈11〉

西曆:	2012		年		7	月		3	日	
陰曆:	壬	辰	年	丙	午	月	乙	丑	日	
占問:	X先生占樓宇放售									
得卦:	雷山小過 (兌7) 化 坤為地 (坤1)									
卦身:	卯			旬空:		戌、亥				

卦爻	六獸	六親	卦象	飛神		伏神			變卦	後六親	
上爻	玄	父	\\	戌	空						
五爻	白	兄	\\	申							
四爻	蛇	官	O	午		亥	子	空	丑	兄	
			世								
三爻	勾	兄	O	申					卯	官	身
二爻	朱	官	\\	午		卯	財	身			
初爻	龍	父	\\	辰							
			應								

分析及推斷：

• 占售樓，以財爻為用神。

• 世持午火官爻，伏忌神亥水子爻，又與日辰丑土成「丑午相害」，可以推斷，X 先生放售此物業，有點迫於形勢。所以，二爻出現卦身伏神財爻去生飛神官爻的卦象，財爻被洩，他感覺此時出售物業，會有點蝕底。

• 也許有人會問，應青龍父爻，得日辰拱扶，又作何解？很簡單，樓市持續被看好，樓價繼續上升。

• 世爻發動化兄爻丑土，表示 X 先生將價格提高，希望這單位賣得更好價錢。

• 因為以上因素，卦中才出現卦身兩現的情況，他對售賣物業之事，始終拿不定主意。

• 既然已到目標價，建議 X 先生，不應再反價，盡快出售。

回覆：X 先生接受意見，在他的目標價出售物業。

實例〈12〉

西曆:	2012		年		5	月		11	日
陰曆:	壬	辰	年	乙	巳	月	壬	申	日
占問:	S小姐占房屋租賃 (御龍山某座某單位)								
得卦:	雷山小過 (兌7)								
卦身:	卯			旬空:	戌、亥				

卦爻	六獸	六親	卦象	飛神		伏神		變卦	後六親
上爻	白	父	\\	戌	空				
五爻	蛇	兄	\\	申					
四爻	勾	官	\	午		亥	子	空	
			世						
三爻	朱	兄	\	申					
二爻	龍	官	\\	午		卯	財	身	
初爻	玄	父	\\	辰					
			應						

分析及推斷：

- 占房屋租賃，以子爻和財爻見旺為佳。

- 日辰申金，對世爻午火而言，傷害甚微。從世生應的卦象看來，S 小姐願意付出較多金錢去租這個單位。

- 世持勾陳午火官爻，對租屋來說，官爻不是一個理想的六親，而且子爻既伏又空，已失去剋制官爻之力，入住後，當事人必多驚恐困擾之事。

- 再看財爻，又伏在二爻飛神之下，「伏去生飛為洩氣」，財爻去生飛神官爻，自然令自身洩氣，表示錢財慢慢耗散，與此同時，卦身所在，正正指出此屋不聚財的特徵。

- 曾勸 S 小姐不要租這單位，另覓新居所，可是她一意孤行，我亦沒辦法。

回覆：大約入住後三個月，她說各項支出增加，出現入不敷支的情況。

實例〈13〉

西曆:	2011	年		12	月		2	日
陰曆:	辛	卯	年	庚	子	月	辛	卯	日

占問:	鄭小姐占與現有租客續約

得卦:	天雷无妄 (巽5) 化 天澤履 (艮6)

卦身:	卯		旬空:	午、未

卦爻	六獸	六親	卦象	飛神		伏神		變卦	後六親	
上爻	蛇	財	\	戌						
五爻	勾	官	\	申						
四爻	朱	子	\	午	空					
			世							
三爻	龍	財	\\	辰						
二爻	玄	兄	X	寅					卯	官	身
初爻	白	父	\	子						
			應							

198

分析及推斷：

- 占租約，以父爻為用神。

- 世、應成六沖，是暗動，可以推斷，她們正在傾談續約事宜。
  不過，日辰與應子水，為「子卯刑」，本已不利，加上六獸白
  虎，主破壞。白虎父爻，主續租不成。

- 要追尋未能續約原因，我們要從動爻中去找答案。卦中只有二
  爻在動。玄武兄爻寅木交動，兄動主劫財，可以推斷，鄭小姐
  大幅加租，這是主因，繼而化卯木官爻持卦身。我們又應該怎
  樣去理解這卦象呢？

- 卦身落處，為問事主體，現在是問續約，便是指續約之事，既
  然卦身刑應爻，鄭小姐態度強硬，不肯讓步，也是原因之一。

- 從整支卦象分析，鄭小姐既大幅調高租金方，又態度強硬，致
  令租客卻步。

回覆：鄭小姐按市況增加租金，租客拒絕續租。

實例〈14〉

西曆:	2012		年		3	月		23	日
陰曆:	壬	辰	年	甲	辰	月	癸	未	日
占問:	黃先生占租寫字樓 (官塘區某大廈某單位)								
得卦:	澤雷隨 (震8) 化 澤火革 (坎5)								
卦身:	申			旬空:		申、酉			

卦爻	六獸	六親	卦象	飛神		伏神		變卦	後六親
上爻	白	財	\\	未					
			應						
五爻	蛇	官	\	酉	空				
四爻	勾	父	\	亥		午	子		
三爻	朱	財	X	辰				亥	兄
			世						
二爻	龍	兄	\\	寅					
初爻	玄	父	\	子					

分析及推斷：

• 占租寫字樓，以財爻為用神。

• 世、應同持財爻，世坐月建，而應坐日辰，看似財爻興旺，租此單位，應財源廣進。是否真的如此？還須進一步去探究。

• 世持朱雀辰土財爻，求財必費唇舌，不幸地，它化成兄爻亥水，若租用此單位，生意必每況愈下，難以維生。

• 而應爻卻是白虎財爻的破財配搭，呼應世爻的變動狀況。

• 此破財單位，不利做生意，曾勸告黃先生不租為妙。

回覆：黃太回覆，因為租金便宜，黃先生不聽勸告，租下這單位。由租用起，至今已半年，生意不但沒有起色，而且月月變壞，連每月的基本開支都賺不到。

實例〈15〉

西曆:		2012	年		4	月		12	日
陰曆:		壬	辰	年 甲	辰	月 癸		卯	日
占問:	L小姐占置業								
得卦:	風山漸 (艮8)								
卦身:	寅			旬空:		辰、巳			

卦爻	六獸	六親	卦象	飛神		伏神		變卦	後六親
上爻	白	官	\	卯					
			應						
五爻	蛇	父	\	巳	空	子	財		
四爻	勾	兄	\\	未					
三爻	朱	子	\	申					
			世						
二爻	龍	父	\\	午					
初爻	玄	兄	\\	辰	空				

分析及推斷：

• 先看世、應、日辰的基本結構。世持申金子爻，得月建辰土生旺，L小姐當然有能力置業。不過，世爻受應卯木官爻挾日辰之力反剋，她雖有能力置業，但同時感到很大的壓力。

• 因朱雀臨世，L小姐對於置業之事，時常掛在口邊；白虎落應，心急置業。

• 占置業，以財爻為用神。無財怎能置業呢？所以，財爻的旺弱，顯得十分重要。卦中財爻，失於時令，也伏在父爻之下，可以說，手上金錢，暫時是不足的，幸世位子爻，得上下兄相夾且相生，推斷她的置業首期，需靠兄弟姊妹的幫助集資而來的。

• 再進一步看，父爻為合約，空而不實。可以肯定，L小姐置業不成。

回覆：最後，L小姐放棄置業。

實例〈16〉

西曆:		2011		年		4	月		11	日
陰曆:		辛	卯	年	壬	辰	月	丙	申	日
占問:		C先生占搬遷								
得卦:		山風蠱 (巽8) 化 山天大畜 (艮3)								
卦身:		寅			旬空:		辰、巳			
卦爻	六獸	六親	卦象	飛神		伏神		變卦	後六親	
上爻	龍	兄	\	寅	身					
			應							
五爻	玄	父	\\	子		巳	子	空		
四爻	白	財	\\	戌						
三爻	蛇	官	\	酉						
			世							
二爻	勾	父	\	亥						
初爻	朱	財	X	丑					子	財

分析及推斷：

· 占搬遷，以財爻為用神，所謂無財而不行也。

· 世持官爻酉金，得日辰拱扶，月建來合，世既被合著，C先生
有搬遷的念頭，卻沒有實際的行動。何解？請先看應位，它持
青龍兄爻寅木，給日辰申金沖散，兄為劫財，可以推斷，他擔
心金錢的問題。

· 卦身所落位置，正是問題所在。卦身在應爻，有兩種看法。其
一，樓價高昂，令他不易搬遷；其二，因本身資金調動問題。

· 此卦只有初爻爻辰發動，朱雀丑土財爻化子水財爻，是化退，又
回頭合，財被合著，暫時未能運用。簡單而言，C先生未能靈活
運用他的錢財，可能他的錢財，主要放置在不動產方面。

· 可判C先生在短期內是搬不成的。

回覆：由問卦至今已五個多月，C先生仍未有搬遷行動。

實例〈17〉

西曆:	2011	年		4	月		11	日
陰曆:	辛	卯	年	壬	辰	月	丙	申	日
占問:	L先生占Pizza Hut投標							
得卦:	天地否 (乾4) 化 火水未濟(離4)							
卦身:	申			旬空:		辰、巳		

卦爻	六獸	六親	卦象	飛神		伏神			變卦	後六親	
上爻	龍	父	\	戌							
			應								
五爻	玄	兄	O	申	身				未	子	
四爻	白	官	\	午							
三爻	蛇	財	\\	卯							
			世								
二爻	勾	官	X	巳	空				辰	子	空
初爻	朱	父	\\	未		子	子				

分析及推斷：

• 占投標，以父爻為用神。

• 世應卯戌相合，問投標，本主成功。可惜，月建辰土沖破，所謂「合遭破而無功」是也。

• 世應合遭破，在卦象中，一定有啟示。五爻玄武兄爻申金坐日辰，重動，已出現強勁的競爭對手，而卦身又落此位，正正是他心中所憂慮問題。化未土子爻，跟用神青龍父爻相刑，對你的投標，必造成阻礙。

• 再看二爻，巳火官爻旬空化辰土子爻旬空，有謂「自空化空必成空咎」，既然已成局，占問之事，多凶終隙歿。

回覆：L先生出價未及對手，失敗而回。

實例〈18〉

西曆:		2012	年		9	月		10	日
陰曆:		壬	辰	年	戊	申	月	甲	戌	日
占問:		嚴先生占疾病							
得卦:		天水訟(離7) 化 天澤履 (艮6)							
卦身:		卯			旬空:		申、酉		

卦爻	六獸	六親	卦象	飛神		伏神		變卦	後六親	
上爻	玄	子	\	戌						
五爻	白	財	\	申	空					
四爻	蛇	兄	\	午						
			世							
三爻	勾	兄	\\	午		亥	官			
二爻	朱	子	\	辰						
初爻	龍	父	X	寅				巳	父	
			應							

分析及推斷：

- 占疾病，以官爻為用神。

- 世持午火兄爻，配以騰蛇，兄爻為損耗，騰蛇為纏繞，我們腦海即時出現一個景象，嚴先生終日為金錢問題煩擾。本來，日辰來洩世，問題稍為舒緩，不過，應動去生世，這金錢問題，始終揮之不去。我們怎樣去解釋世爻卦象這個問題，必須從整支卦象去拆解。

- 應是青龍父爻寅木，青龍為巨大，父爻煩惱，他存在非常巨大的煩惱。此爻一動，直接去生世，暗示為醫療費用而煩惱，化進，化巳火父爻，問題必日益嚴重。

- 究竟是什麼疾病，會令嚴先生如此煩惱呢？看用神官爻，伏在三爻兄爻之下。三爻的位置，是由大腿至腰部位，內裡包括很多部位，是哪個器官，須從官爻的五行去推，亥屬水，為泌尿科，可推斷為腎病。

- 有病便要找子爻，看有沒有治療方法。卦中有兩子爻，一在上爻坐日辰，一在二爻被日辰沖，治療方法是有的，不過四庫受沖，醫療費用一定是龐大。

回覆： 嚴先生患腎病，公立醫院安排 9 月尾洗腎，9 月初病情轉壞，
　　　醫生說他不能再等，需立即洗腎，否則會有危險。

　　　家人迫於無奈地送他到私立醫院洗腎，每次費用差不多五
　　　萬圓，他沒有結婚，也沒有積蓄，沒能力支付所有費用，
　　　要由兄弟姊妹間籌集。

　　　另外，如果幫他換腎，費用要五十多萬。手術後，每月還
　　　要萬多元買抗排斥藥服食，現在，他家人和他都感到非常
　　　煩惱。

實例〈19〉

西曆:	2011		年		12	月		9	日
陰曆:	辛	卯	年	庚	子	月	戊	戌	日
占問:	某先生占官司結果								
得卦:	火天大有 (乾8) 化 山火賁 (艮2)								
卦身:	寅			旬空:	辰、巳				

卦爻	六獸	六親	卦象	飛神		伏神		變卦	後六親
上爻	朱	官	\	巳	空				
			應						
五爻	龍	父	\\	未					
四爻	玄	兄	O	酉				戌	兄
三爻	白	父	\	辰	空				
			世						
二爻	蛇	財	O	寅	身			丑	兄
初爻	勾	子	\	子					

分析及推斷：

・占官司，以官爻為用神，父爻為結果。

・本來世應官父值空，對判斷有利。但是，世持白虎父爻辰土旬空，給日辰沖散，有利結果，還有官爻落空，所牽涉的罪行，不十分嚴重。

・反而卦中兩個動爻，是值得去推敲的。

> 四爻玄武酉金兄爻化戌土兄爻，成「酉戌相穿」，可以推斷，這次官司，是被牽連其中。

> 卦身財爻寅木化丑土兄爻，可能是文件失誤，化兄，為此而引致破財。

・因為世應俱入空亡，官司結果，對某先生而言，反而有利，算是罪成，也可獲輕判。

回覆：某先生因發票問題，惹上官非，獲法官輕判，只罰款五十萬元，不用坐監。

實例〈20〉

西曆:		2012	年		9	月		14	日
陰曆:		壬	辰	年	戊	申	月	戊	寅	日
占問:		E小姐占尋失物(印傭護照)							
得卦:		天山遯 (乾3) 化 天地否 (乾4)							
卦身:		未			旬空:		申、酉		

卦爻	六獸	六親	卦象	飛神		伏神		變卦	後六親
上爻	朱	父	\	戌					
五爻	龍	兄	\	申	空				
			應						
四爻	玄	官	\	午					
三爻	白	兄	O	申	空			卯	財
二爻	蛇	官	\\	午		寅	財		
			世						
初爻	勾	父	\\	辰		子	子		

分析及推斷：

· 占失物，以財爻為用神。

· 看看世、應、日辰的三者關係，日辰生世沖應，世爻午火當旺，
　而應爻申金被沖實，應是失物位置，得沖實，物件仍然存在。

· 世持午火官爻，官爻帶驚恐性質，再配合螣蛇屬性，可以推斷，
　E小姐對失掉印傭護照，感到十分徬徨。占失物，財爻為失物，
　此刻正正伏在世下，顯示護照定在她附近。

· 所以，我們應進一步考慮應爻的特質，應持青龍申金兄爻，
　兄為阻隔，申金為金屬，青龍為美麗外觀，綜合而言，失物很
　大機會放在一個美麗的金屬盒或金屬櫃內，既兄為阻隔，護照
　便不易被E小姐發現了。

· 整支卦得三爻動，兄化財，失物有失而復得的意思。建議E小
　姐在家裡的金屬盒或金屬櫃找。

回覆：E小姐在家裡的鋼櫃內找回印傭護照。

何知章

何知人家父母疾，白虎爻動兼刑剋；
何知人家父母殃，財爻帶動殺神傷。

何知人家有子孫，青龍福德爻中論；
何知人家無子孫，六爻不見福神臨。

何知人家子孫疾，父母爻動來相剋；
何知人家子孫災，白虎當臨福德來。

何知人家小兒死，子孫空亡加白虎；
何知人家兄弟亡，用落空亡白虎傷。

何知人家妻有災，虎臨兄弟動傷財；
何知人家妻有孕，青龍財臨添喜神。

何知人家有妻妾，內外兩財旺相決；
何知人家損妻房，財爻帶鬼落空亡。

何知人家訟事休，空亡官鬼又休囚；
何知人家訟事多，雀虎持世鬼來扶。

何知人家無香火，卦中六爻不見火；
何知人家無風水，卦中六爻不見水。

何知人家兩灶戶，卦中必有兩重火；
何知人家不供佛，金鬼爻落空亡決。

何知二姓共屋居，兩鬼旺相卦中推；
何知人家有兩姓，兩重父母卦中臨。

何知人家雞亂啼，螣蛇入酉不須疑；
何知人家犬亂吠，螣蛇入戌又逢鬼。

何知人家見口舌，朱雀持世鬼來掇；
何知人家口舌到，卦中朱雀帶木笑。

何知人家多爭競，朱雀兄弟推世應；
何知人家小人生，玄武官鬼動臨身。

何知人家遇賊徒，玄武臨財鬼來扶；
何知人家災禍至，鬼臨動爻來剋世。

何知人家痘疹病，螣蛇爻被火燒定；
何知人家病要死，用神無救又入墓。

何知人家多夢寐，螣蛇帶鬼來持世；
何知人家出鬼怪，螣蛇白虎臨門在。

何知人家旺六丁，六親有氣吉神臨；
何知人家進人口，青龍得位臨財守。

何知人家大豪富，財爻旺相又居庫；
何知人家田地增，勾陳入土子孫臨。

何知人家進產業，青龍臨財旺相說；
何知人家進外財，外卦龍臨財福來。

何知人家喜事臨，青龍福德在門庭；
何知人家富貴昌，財臨旺相青龍上。

何知人家多貧賤，財爻帶耗休囚見；
何知人家無依倚，卦中福德落空亡。

何知人家竈破損，玄武帶鬼二爻惝；
何知人家鍋破漏，玄武入水鬼來就。

何知人家屋宇新，父入青龍旺相真；
何知人家屋宇敗，父入白虎休囚壞。

何知人家墓有風，白虎空亡巽巳攻；
何知人家墓有水，白虎空亡臨亥子。

何知人家人投水，玄武入水煞臨鬼；
何知人家有吊頸，騰蛇木鬼世爻臨。

何知人家孝服來，交重白虎臨鬼排；
何知人家見失脫，玄武臨鬼應爻發。

何知人家失衣裳，勾陳玄武入財鄉；
何知人家損六畜，白虎帶鬼臨所屬。

何知人家失了牛，五爻丑鬼落空愁；
何知人家失了雞，初爻帶鬼玄武欺。

何知人家無牛豬，丑亥空亡兩位虛；
何知人家無雞犬，酉戌二爻空亡捲。

何知人家人不來，世應俱落空亡排；
何知人家宅不寧，六爻俱動亂紛紛。

仙人造出何知章，留與後人作飯囊；
禍福吉凶真有驗，時師句句細推詳。

後記

這本《象數易入門及推斷技巧》，出版以來，頗受讀者支持，評價正面，銷售穩定，大大出乎本人預計之外。行文之際，電話鈴聲再次響起，又是書店打來補貨的。轉身步入貨倉，開箱取書，但見餘書不多，不禁有點兒吃驚！原來書本在不知不覺間，已一一賣去，細點之下，只餘下三十多本存貨吧了！

還記得書成之日，滿心歡喜，卻萬料不到，竟找不上銷售渠道，當時的我，尤如熱鍋上的螞蟻，焦躁不安，不知如何是好！幸得友儕幫忙，代找銷售出路，最終能突破困局，度過難關。慶幸的是，一生貴人在側，回望過去，每每在危難之時，總有人會站出來，扶我一把，令我不致走上絕路。既得朋友的愛戴，又得讀者的支持，不無感到自己的幸運！

書本快將售清，便要著手修訂內容，重新出版。為求完美，加進新篇幅，豐富其內容。傳統易卦，對六爻的基本用法，一般都沒有交待清楚，令人學習起來，混亂非常。若依傳統用法，學者往往未能貫通卦象六爻的原意，也未能理解爻辰五行的生剋，有時會遠離卦意，無法作出正確的推斷。正因如此，在修訂內容中，加插了一些原則性的篇幅，希望能為讀者，解開一些基本性的問題。譬如，什麼是『一爻三應』？ 什麼是『午酉相破』？什麼是「丑午寅兵變」？何謂『動、破、發、散』？ 一切一切，都是為了豐富這套「象數易」，令它在運用上，更臻完善！

乾為天：乾宮五行屬金

乾為天〈乾1〉伏			天風姤〈乾2〉伏			天山遯〈乾3〉伏			天地否〈乾4〉伏		
父母 丨	戌土	世	父母 丨	戌土		父母 丨	戌土		父母 丨	戌土	應
兄弟 丨	申金		兄弟 丨	申金		兄弟 丨	申金	應	兄弟 丨	申金	身
官鬼 丨	午火		官鬼 丨	午火	應	官鬼 丨	午火		官鬼 丨	午火	
父母 丨	辰土	應	兄弟 丨	酉金		兄弟 丨	申金		妻財 丨丨	卯木	世
妻財 丨	寅木		子孫 丨	亥水 寅財		官鬼 丨丨	午火 寅財	世	官鬼 丨丨	巳火	
子孫 丨	子水		父母 丨丨	丑土	世	父母 丨丨	辰土 子子		父母 丨丨	未土 子子	

風地觀〈乾5〉伏			山地剝〈乾6〉伏			火地晉〈乾7〉伏			火天大有〈乾8〉伏		
妻財 丨	卯木		妻財 丨	寅木		官鬼 丨	巳火		官鬼 丨	巳火	應
官鬼 丨	巳火 申兄		子孫 丨丨	子水 申兄	世	父母 丨丨	未土		父母 丨丨	未土	
父母 丨丨	未土	世	父母 丨丨	戌土	身	兄弟 丨	酉金	世	兄弟 丨	酉金	
妻財 丨丨	卯木		妻財 丨丨	卯木		妻財 丨丨	卯木	身	父母 丨	辰土	世
官鬼 丨丨	巳火		官鬼 丨丨	巳火	應	官鬼 丨丨	巳火		妻財 丨	寅木	身
父母 丨丨	未土 子子	應	父母 丨丨	未土		父母 丨丨	未土 子子	應	子孫 丨	子水	

坎為水：坎宮五行屬水

坎為水〈坎1〉伏			水澤節〈坎2〉伏			水雷屯〈坎3〉伏			水火既濟〈坎4〉伏		
兄弟 ‖	子水	世	兄弟 ‖	子水	身	兄弟 ‖	子水		兄弟 ‖	子水	應
官鬼 ∣	戌土		官鬼 ∣	戌土		官鬼 ∣	戌土	應	官鬼 ∣	戌土	
父母 ‖	申金		父母 ‖	申金	應	父母 ‖	申金		父母 ‖	申金	
妻財 ‖	午火		官鬼 ‖	丑土		官鬼 ‖	辰土	午財	兄弟 ∣	亥水	午財
官鬼 ∣	辰土	應	子孫 ∣	卯木		子孫 ‖	寅木	世	官鬼 ‖	丑土	世
子孫 ‖	寅木		妻財 ∣	巳火	世	兄弟 ∣	子水		子孫 ∣	卯木	

澤火革〈坎5〉伏			雷火豐〈坎6〉伏			地火明夷〈坎7〉伏			地水師〈坎8〉伏		
官鬼 ‖	未土		官鬼 ‖	戌土	身	父母 ‖	酉金	身	父母 ‖	酉金	
父母 ∣	酉金		父母 ‖	申金	世	兄弟 ‖	亥水		兄弟 ‖	亥水	應
兄弟 ∣	亥水	世	妻財 ∣	午火		官鬼 ‖	丑土	世	官鬼 ‖	丑土	
兄弟 ∣	亥水	午財	兄弟 ∣	亥水		兄弟 ∣	亥水	午財	妻財 ‖	午火	世
官鬼 ‖	丑土		官鬼 ‖	丑土	應	官鬼 ‖	丑土		官鬼 ∣	辰土	
子孫 ∣	卯木	身 應	子孫 ∣	卯木		子孫 ∣	卯木	應	子孫 ‖	寅木	

艮為山：艮宮五行屬土

艮為山〈艮1〉伏

官鬼	∣	寅木		世
妻財	∥	子水		
兄弟	∥	戌土		
子孫	∣	申金		應
父母	∥	午火		
兄弟	∥	辰土		

山火賁〈艮2〉伏

官鬼	∣	寅木		
妻財	∥	子水	身	
兄弟	∥	戌土		應
妻財	∣	亥水	申子	
兄弟	∥	丑土	午父	
官鬼	∣	卯木		世

山天大畜〈艮3〉伏

官鬼	∣	寅木		
妻財	∥	子水		應
兄弟	∥	戌土		
兄弟	∣	辰土	申子	
官鬼	∣	寅木	午父	世
妻財	∣	子水		

山澤損〈艮4〉伏

官鬼	∣	寅木		應
妻財	∥	子水		
兄弟	∥	戌土		
兄弟	∥	丑土	申子身	世
官鬼	∣	卯木		
父母	∣	巳火		

火澤睽〈艮5〉伏

父母	∣	巳火		
兄弟	∥	未土	子財	
子孫	∣	酉金		世
兄弟	∥	丑土		
官鬼	∣	卯木	身	
父母	∣	巳火		應

天澤履〈艮6〉伏

兄弟	∣	戌土		
子孫	∣	申金	子財	世
父母	∣	午火		
兄弟	∥	丑土		
官鬼	∣	卯木		
父母	∣	巳火		應

風澤中孚〈艮7〉伏

官鬼	∣	卯木		
父母	∣	巳火	子財	
兄弟	∥	未土		世
兄弟	∥	丑土	申子	
官鬼	∣	卯木		
父母	∣	巳火		應

風山漸〈艮8〉伏

官鬼	∣	卯木		應
父母	∣	巳火	子財	
兄弟	∥	未土		
子孫	∣	申金		世
父母	∥	午火		
兄弟	∥	辰土		

震為雷：震宮五行屬木

震為雷〈震1〉伏			雷地豫〈震2〉伏			雷水解〈震3〉伏			雷風恒〈震4〉伏		
妻財 ▮▮	戌土 世		妻財 ▮▮	戌土		妻財 ▮▮	戌土		妻財 ▮▮	戌土 應	
官鬼 ▮	申金		官鬼 ▮▮	申金		官鬼 ▮▮	申金 應		官鬼 ▮▮	申金	
子孫 ▮	午火		子孫 ▮	午火 身 應		子孫 ▮	午火		子孫 ▮	午火	
妻財 ▮▮	辰土 應		兄弟 ▮▮	卯木		子孫 ▮▮	午火		官鬼 ▮	酉金 世	
兄弟 ▮▮	寅木		子孫 ▮▮	巳火		妻財 ▮	辰土 世		父母 ▮	亥水 寅兄身	
父母 ▮	子水		妻財 ▮▮	未土 子父 世		兄弟 ▮▮	寅木 子父		妻財 ▮▮	丑土	

地風升〈震5〉伏			水風井〈震6〉伏			澤風大過〈震7〉伏			澤雷隨〈震8〉伏		
官鬼 ▮▮	酉金 身		父母 ▮▮	子水		妻財 ▮▮	未土		妻財 ▮▮	未土 應	
父母 ▮▮	亥水		妻財 ▮	戌土 世		官鬼 ▮	酉金		官鬼 ▮	酉金	
妻財 ▮▮	丑土 午子		官鬼 ▮▮	申金 午子		父母 ▮	亥水 午子		父母 ▮	亥水 午子	
官鬼 ▮	酉金 身 世		官鬼 ▮	酉金		官鬼 ▮	酉金 世		妻財 ▮▮	辰土 世	
父母 ▮	亥水 寅兄		父母 ▮	亥水 寅兄 應		父母 ▮	亥水 寅兄		兄弟 ▮▮	寅木	
妻財 ▮▮	丑土 應		妻財 ▮▮	丑土		妻財 ▮▮	丑土 應		父母 ▮	子水	

巽為風：巽宮五行屬木

巽為風〈巽1〉伏

兄弟	∣	卯木	世
子孫	∣	巳火	身
妻財	‖	未土	
官鬼	∣	酉金	應
父母	∣	亥水	
妻財	‖	丑土	

風天小畜〈巽2〉伏

兄弟	∣	卯木	
子孫	∣	巳火	
妻財	‖	未土	應
妻財	∣	辰土	酉官
兄弟	∣	寅木	
父母	∣	子水	身 世

風火家人〈巽3〉伏

兄弟	∣	卯木	
子孫	∣	巳火	應
妻財	‖	未土	身
父母	∣	亥水	酉官
妻財	‖	丑土	世
兄弟	∣	卯木	

風雷益〈巽4〉伏

兄弟	∣	卯木	應
子孫	∣	巳火	
妻財	‖	未土	
妻財	‖	辰土	酉官 世
兄弟	‖	寅木	
父母	∣	子水	

天雷无妄〈巽5〉伏

妻財	∣	戌土	
官鬼	∣	申金	
子孫	∣	午火	世
妻財	‖	辰土	
兄弟	‖	寅木	
父母	∣	子水	應

火雷噬嗑〈巽6〉伏

子孫	∣	巳火	
妻財	‖	未土	世
官鬼	∣	酉金	
妻財	‖	辰土	
兄弟	‖	寅木	應
父母	∣	子水	

山雷頤〈巽7〉伏

兄弟	∣	寅木	
父母	‖	子水	巳子
妻財	‖	戌土	世
妻財	‖	辰土	酉官 身
兄弟	‖	寅木	
父母	∣	子水	應

山風蠱〈巽8〉伏

兄弟	∣	寅木	身 應
父母	‖	子水	巳子
妻財	‖	戌土	
官鬼	∣	酉金	世
父母	∣	亥水	
妻財	‖	丑土	

離為火：離宮五行屬火

離為火〈離1〉伏

六親	爻	地支	備註
兄弟	―	巳火	身／世
子孫	‖	未土	
妻財	―	酉金	
官鬼	―	亥水	應
子孫	‖	丑土	
父母	―	卯木	

火山旅〈離2〉伏

六親	爻	地支	伏神	備註
兄弟	―	巳火		
子孫	‖	未土		
妻財	―	酉金		應
妻財	―	申金	亥官	
兄弟	‖	午火		身
子孫	‖	辰土	卯父	世

火風鼎〈離3〉伏

六親	爻	地支	伏神	備註
兄弟	―	巳火		
子孫	‖	未土		應
妻財	―	酉金		
妻財	―	酉金		
官鬼	―	亥水		世
子孫	‖	丑土身	卯父	

火水未濟〈離4〉伏

六親	爻	地支	伏神	備註
兄弟	―	巳火		應
子孫	‖	未土		
妻財	―	酉金		
兄弟	‖	午火	亥官	世
子孫	―	辰土		
父母	‖	寅木		

山水蒙〈離5〉伏

六親	爻	地支	伏神	備註
父母	―	寅木		
官鬼	‖	子水		
子孫	‖	戌土	酉財身	世
兄弟	‖	午火		
子孫	―	辰土		
父母	‖	寅木		應

風水渙〈離6〉伏

六親	爻	地支	伏神	備註
父母	―	卯木		
兄弟	―	巳火		世
子孫	‖	未土	酉財	
兄弟	‖	午火	亥官	
子孫	―	辰土		身
父母	‖	寅木		應

天水訟〈離7〉伏

六親	爻	地支	伏神	備註
子孫	―	戌土		
妻財	―	申金		
兄弟	―	午火		世
兄弟	‖	午火	亥官	
子孫	―	辰土		
父母	‖	寅木		應

天火同人〈離8〉伏

子孫	―	戌土	應
妻財	―	申金	
兄弟	―	午火	
官鬼	―	亥水	世
子孫	‖	丑土	
父母	―	卯木	

坤為地：坤宮五行屬土

坤為地〈坤1〉伏	地雷復〈坤2〉伏	地澤臨〈坤3〉伏	地天泰〈坤4〉伏
子孫 ‖ 酉金　世	子孫 ‖ 酉金	子孫 ‖ 酉金	子孫 ‖ 酉金　應
妻財 ‖ 亥水　身	妻財 ‖ 亥水	妻財 ‖ 亥水　應	妻財 ‖ 亥水
兄弟 ‖ 丑土	兄弟 ‖ 丑土　應	兄弟 ‖ 丑土　身	兄弟 ‖ 丑土
官鬼 ‖ 卯木　應	兄弟 ‖ 辰土	兄弟 ‖ 丑土　身	兄弟 ｜ 辰土　世
父母 ‖ 巳火	官鬼 ‖ 寅木　巳父	官鬼 ｜ 卯木　世	官鬼 ｜ 寅木　身　巳父
兄弟 ‖ 未土	妻財 ｜ 子水　身　世	父母 ｜ 巳火	妻財 ｜ 子水

雷天大壯〈坤5〉伏	澤天夬〈坤6〉伏	水天需〈坤7〉伏	水地比〈坤8〉伏
兄弟 ‖ 戌土	兄弟 ‖ 未土	妻財 ‖ 子水	妻財 ‖ 子水　應
子孫 ‖ 申金	子孫 ｜ 酉金　世	兄弟 ｜ 戌土	兄弟 ｜ 戌土
父母 ｜ 午火　世	妻財 ｜ 亥水	子孫 ‖ 申金　世	子孫 ‖ 申金　身
兄弟 ｜ 辰土	兄弟 ｜ 辰土　身	兄弟 ｜ 辰土	官鬼 ‖ 卯木　世
官鬼 ｜ 寅木	官鬼 ｜ 寅木　巳父	官鬼 ｜ 寅木　巳父	父母 ‖ 巳火
妻財 ｜ 子水　應	妻財 ｜ 子水　應	妻財 ｜ 子水　應	兄弟 ‖ 未土

兌為澤：兌宮五行屬金

兌為澤〈兌1〉伏

父母	‖	未土	世
兄弟	ǀ	酉金	
子孫	ǀ	亥水	身
父母	‖	丑土	應
妻財	ǀ	卯木	
官鬼	ǀ	巳火	

澤水困〈兌2〉伏

父母	‖	未土	
兄弟	ǀ	酉金	
子孫	ǀ	亥水	應
官鬼	‖	午火	身
父母	ǀ	辰土	
妻財	‖	寅木	世

澤地萃〈兌3〉伏

父母	‖	未土	身
兄弟	ǀ	酉金	應
子孫	ǀ	亥水	
妻財	‖	卯木	
官鬼	‖	巳火	世
父母	‖	未土	身

澤山咸〈兌4〉伏

父母	‖	未土	應
兄弟	ǀ	酉金	
子孫	ǀ	亥水	
兄弟	ǀ	申金	世
官鬼	‖	午火	卯財
父母	‖	辰土	

水山蹇〈兌5〉伏

子孫	‖	子水	
父母	ǀ	戌土	
兄弟	‖	申金	世
兄弟	ǀ	申金	
官鬼	‖	午火	卯財
父母	‖	辰土	應

地山謙〈兌6〉伏

兄弟	‖	酉金	
子孫	‖	亥水	世
父母	‖	丑土	
兄弟	ǀ	申金	
官鬼	‖	午火	卯財
父母	‖	辰土	應

雷山小過〈兌7〉伏

父母	‖	戌土	
兄弟	‖	申金	
官鬼	ǀ	午火	亥子
兄弟	ǀ	申金	世
官鬼	‖	午火	卯財身
父母	‖	辰土	應

雷澤歸妹〈兌8〉伏

父母	‖	戌土	應
兄弟	‖	申金	身
官鬼	ǀ	午火	亥子
父母	‖	丑土	世
妻財	ǀ	卯木	
官鬼	ǀ	巳火	

西曆：			年			月			日	
陰曆：			年			月			日	
占問：										
得卦：										
卦身：				旬空：						
卦爻	六獸	六親	卦象	飛神		伏神			變卦	後六親
上爻										
五爻										
四爻										
三爻										
二爻										
初爻										

西曆：			年		月			日	
陰曆：			年		月			日	
占問：									
得卦：									
卦身：				旬空：					
卦爻	六獸	六親	卦象	飛神		伏神			變卦	後六親
上爻										
五爻										
四爻										
三爻										
二爻										
初爻										

西曆：			年			月			日	
陰曆：			年			月			日	
占問：										
得卦：										
卦身：				旬空：						
卦爻	六獸	六親	卦象	飛神		伏神			變卦	後六親
上爻										
五爻										
四爻										
三爻										
二爻										
初爻										

西曆：			年			月			日	
陰曆：			年			月			日	
占問：										
得卦：										
卦身：				旬空：						
卦爻	六獸	六親	卦象	飛神		伏神			變卦	後六親
上爻										
五爻										
四爻										
三爻										
二爻										
初爻										

愚人著作：

1. 《象數易六爻透視－入門及推斷技巧》
2. 《象數易之姻緣與婚姻》
3. 《象數易六爻透視－職場顯玄機》
4. 《增刪卜易之六爻古今分析》
5. 《象數易六爻透視－財股兩望》

象數易課程

yuyan388@yahoo.com.hk

　　象數易即易卦，又稱文王卦。它利用六爻之五行、六親和六獸，將占問事情，立體地呈現在卜者眼前，也可透過六爻結構，推斷事情的得失成敗。它還有一個優點，可直接占卜，不需用上問事人的生辰八字，避免因時辰失誤，帶來的失準判斷。

　　近年，筆者不斷將克應與卦象互參，並將爻辰的定義及其覆蓋範圍更新，期望令易卦卦象，能配合時代步伐，令推斷更為仔細。此外，筆者重新將象數易的資料整理，成為一個獨立的推斷系統 — 推斷『五大綱領』。按著五個步驟，便能拆解卦象，判斷吉凶，這是傳統捉用神以外的一種新方法。

　　任何術數，根基最為重要，基礎打得穩，日後在斷卦時，便能作出引伸、借用、互通等概念，才能掌握要點，判斷準確。本人除了出版《象數易》系列叢書外，還開辦象數易相關課程：

　　初階課程 / 進階課程 / 專題課程 / 函授課程

　　有興趣的朋友，可電郵至 yuyan388@yahoo.com.hk 查詢課程內容及其開班時間。

心一堂數術古籍珍本叢刊　第一輯書目

	占筮類		
1	擲地金聲搜精秘訣	心一堂編	沈氏研易樓藏稀見易占秘鈔本
2	卜易拆字秘傳百日通	心一堂編	
3	易占陽宅六十四卦秘斷	心一堂編	火珠林占陽宅風水秘鈔本
	星命類		
4	斗數宣微	【民國】王裁珊	民初最重要斗數著述之一；未刪改本
5	斗數觀測錄	【民國】王裁珊	失傳民初斗數重要著作
6	《地星會源》《斗數綱要》合刊	心一堂編	失傳的第三種飛星斗數
7	《斗數秘鈔》《紫微斗數之捷徑》合刊	心一堂編	珍稀「紫微斗數」舊鈔秘本
8	斗數演例	心一堂編	
9	紫微斗數全書（清初刻原本）	題【宋】陳希夷	斗數全書本來面目；有別於錯誤極多的坊本
10-12	鐵板神數（清刻足本）——附秘鈔密碼表	題【宋】邵雍	無錯漏原版 秘鈔密碼表　首次公開！
13-15	蠢子數纏度	題【宋】邵雍	蠢子數連密碼表 打破數百年秘傳　首次公開！
16-19	皇極數	題【宋】邵雍	清鈔孤本附起例及完整密碼表 研究神數必讀！
20-21	邵夫子先天神數	題【宋】邵雍	附手鈔密碼表　研究神數必讀！
22	八刻分經定數（密碼表）	題【宋】邵雍	皇極數另一版本；附手鈔密碼表
23	新命理探原	【民國】袁樹珊	子平命理必讀教科書！
24-25	袁氏命譜	【民國】袁樹珊	
26	韋氏命學講義	【民國】韋千里	民初二大命理家南袁北章 北韋之命理經典
27	千里命稿	【民國】韋千里	
28	精選命理約言	【民國】韋千里	
29	滴天髓闡微——附李雨田命理初學捷徑	【民國】袁樹珊、李雨田	命理經典未刪改足本
30	段氏白話命學綱要	【民國】段方	民初命理經典最淺白易懂
31	命理用神精華	【民國】王心田	學命理者之寶鏡
32	命學探驪集	【民國】張巢雲	發前人所未發
33	澹園命談	【民國】高澹園	
34	算命一讀通—鴻福齊天	【民國】不空居士、覺先居士合纂	稀見民初子平命理著作
35	子平玄理	【民國】施惕君	
36	星命風水秘傳百日通	心一堂編	
37	命理大四字金前定	題【晉】鬼谷子王詡	源自元代算命術
38	命理斷語義理源深	心一堂編	稀見清代批命斷語及活套
39-40	文武星案	【明】陸位	失傳四百年《張果星宗》姊妹篇 千多星盤命例　研究命學必備
	相術類		
41	新相人學講義	【民國】楊叔和	失傳民初白話文相術書
42	手相學淺說	【民國】黃龍	民初中西結合手相學經典
43	大清相法	心一堂編	重現失傳經典相書
44	相法易知	心一堂編	
45	相法秘傳百日通	心一堂編	

堪輿類			
46	靈城精義箋	【清】沈竹礽	沈氏玄空遺珍 玄空風水必讀
47	地理辨正抉要	【清】沈竹礽	
48	《玄空古義四種通釋》《地理疑義答問》合刊	沈瓞民	
49	《沈氏玄空吹虀室雜存》《玄空捷訣》合刊	【民國】申聽禪	
50	漢鏡齋堪輿小識	【民國】查國珍、沈瓞民	
51	堪輿一覽	【清】孫竹田	失傳已久的無常派玄空經典
52	章仲山挨星秘訣（修定版）	【清】章仲山	章仲山無常派玄空珍秘
53	臨穴指南	【清】章仲山	門內秘本首次公開
54	章仲山宅案附無常派玄空秘要	心一堂編	沈竹礽等大師尋覓一生末得之珍本！
55	地理辨正補	【清】朱小鶴	玄空六派蘇州派代表作
56	陽宅覺元氏新書	【清】元祝垚	簡易、有效·神驗之玄空陽宅法
57	地學鐵骨秘　附 吳師青藏命理大易數	【民國】吳師青	釋玄空廣東派地學之秘
58-61	四秘全書十二種（清刻原本）	【清】尹一勺	玄空湘楚派經典本來面目 有別於錯誤極多的坊本
62	地理辨正補註 附 元空秘旨　天元五歌　玄空精髓　心法秘訣等數種合刊	【民國】胡仲言	貫通易理、巒頭、三元、三合、天星、中醫
63	地理辨正自解	【清】李思白	公開玄空家「分率尺、工部尺、量天尺」之秘
64	許氏地理辨正釋義	【民國】許錦灝	民國易學名家黃元炳力薦
65	地理辨正天玉經內傳要訣圖解	【清】程懷榮	秘訣一語道破，圖文并茂
66	謝氏地理書	【民國】謝復	玄空體用兼備、深入淺出
67	淪山水元運易理斷驗、三元氣運說附紫白訣等五種合刊	【宋】吳景鸞等	失傳古本《玄空秘旨》《紫白訣》
68	星卦奧義圖訣	【清】施安仁	三元玄空門內秘笈　清鈔孤本 過去均為必須守秘不能公開秘密 與今天流行飛星法不同
69	三元地學秘傳	【清】何文源	
70	三元玄空挨星四十八局圖說	心一堂編	
71	三元挨星秘訣仙傳	心一堂編	
72	三元地理正傳	心一堂編	
73	三元天心正運	心一堂編	
74	元空紫白陽宅秘旨	心一堂編	
75	玄空挨星秘圖　附 堪輿指迷	心一堂編	
76	姚氏地理辨正圖說　附 地理九星并挨星真訣全圖 秘傳河圖精義等數種合刊	【清】姚文田等	蓮池心法　玄空六法 門內秘鈔本首次公開
77	元空法鑑批點本——附 法鑑口授要訣、秘傳玄空三鑑奧義匯鈔 合刊	【清】曾懷玉等	
78	元空法鑑心法	【清】曾懷玉等	
79	蔣徒傳天玉經補註	【清】項木林、曾懷玉	
80	地理學新義	【民國】俞仁宇撰	揭開連城派風水之秘
81	地理辨正揭隱(足本)　附連城派秘鈔口訣	【民國】王邈達	
82	趙連城傳地理秘訣附雪庵和尚字字金	【明】趙連城	
83	趙連城秘傳楊公地理真訣	【明】趙連城	
84	地理法門全書	仗溪子、芝罘子	巒頭風水，內容簡核、深入淺出
85	地理方外別傳	【清】熙齋上人	巒頭形勢、「望氣」「鑑神」
86	地理輯要	【清】余鵬	集地理經典之精要
87	地理秘珍	【清】錫九氏	巒頭、三合天星，圖文並茂
88	《羅經舉要》附《附三合天機秘訣》	【清】賈長吉	清鈔孤本羅經、三合訣法圖解
89-90	嚴陵張九儀增釋地理琢玉斧巒	【清】張九儀	清初三合風水名家張九儀經典清刻原本！

91	地學形勢摘要	心一堂編	形家秘鈔珍本
92	《平洋地理入門》《巒頭圖解》合刊	【清】盧崇台	平洋水法、形家秘本
93	《鑒水極玄經》《秘授水法》合刊	【唐】司馬頭陀、【清】鮑湘襟	千古之秘，不可妄傳匪人
94	平洋地理闡秘	心一堂編	雲間三元平洋形法秘鈔珍本
95	地經圖說	【清】余九皋	形勢理氣、精繪圖文
96	司馬頭陀地鉗	【唐】司馬頭陀	流傳極稀《地鉗》
97	欽天監地理醒世切要辨論	【清】欽天監	公開清代皇室御用風水真本
三式類			
98-99	大六壬尋源二種	【清】張純照	六壬入門、占課指南
100	六壬教科六壬鑰	【民國】蔣問天	由淺入深，首尾悉備
101	壬課總訣	心一堂編	
102	六壬秘斷	心一堂編	過去術家不外傳的珍稀六壬術秘鈔本
103	大六壬類闡	心一堂編	
104	六壬秘笈——韋千里占卜講義	【民國】韋千里	六壬入門必備
105	壬學述古	【民國】曹仁麟	依法占之，「無不神驗」
106	奇門揭要	心一堂編	集「法奇門」、「術奇門」精要
107	奇門行軍要略	【清】劉文瀾	條理清晰、簡明易用
108	奇門大宗直旨	劉毗	
109	奇門三奇干支神應	馮繼明	天下孤本　首次公開
110	奇門仙機	題【漢】張子房	虛白廬藏本《秘藏遁甲天機》
111	奇門心法秘纂	題【漢】韓信（淮陰侯）	奇門不傳之秘　應驗如神
112	奇門廬中闡秘	題【三國】諸葛武侯註	
選擇類			
113-114	儀度六壬選日要訣	【清】張九儀	清初三合風水名家張九儀擇日秘傳
115	天元選擇辨正	【清】一園主人	釋蔣大鴻天元選擇法
其他類			
116	述卜筮星相學	【民國】袁樹珊	民初二大命理家南袁北韋
117-120	中國歷代卜人傳	【民國】袁樹珊	南袁之術數經典

心一堂當代術數文庫

增刪卜易之六爻古今分析	愚人
象數易—六爻透視: 財股兩望	愚人
命理學教材（第一級）	段子昱
斗數詳批蔣介石	潘國森
潘國森斗數教程（一）：入門篇	潘國森
紫微斗數不再玄	犂民
七星術（正傳）—命理預測篇	黃煒祥
玄空風水心得（增訂版）（附流年催旺化煞秘訣）	李泗達
玄空風水心得（二）—沈氏玄空學研究心得（修訂版）附流年飛星佈局	李泗達
廖氏家傳玄命風水學（一）—基礎篇及玄關地命篇	廖民生
廖氏家傳玄命風水學（二）—玄空斗秘篇	廖民生
廖氏家傳玄命風水學(三)— 楊公鎮山訣篇 附 斷驗及調風水	廖民生
廖氏家傳玄命風水學（四）—秘訣篇：些子訣、兩元挨星、擇吉等	廖民生
象數易 —六爻透視:入門與推斷 (修訂版)	愚人

心一堂術數古籍整理叢刊

全本校註增刪卜易	【清】野鶴老人	李凡丁（鼎升）校註
學君平卜易存驗 管公明十三篇 合刊	【明】佚名；【清】華日新	劉長海 校訂
紫微斗數捷覽（明刊孤本）附點校本	傳【宋】陳希夷	馮一、 心一堂術數古籍整理小組點校
紫微斗數全書古訣辨正	傳【宋】陳希夷	潘國森辨正
應天歌（修訂版）附格物至言	【宋】郭程撰	莊圓整理
壬竅	【清】無無野人小蘇郎逸	劉浩君校訂
奇門祕覈（臺藏本）	【元】佚名	李鏘濤、鄭同校訂
臨穴指南選註	【清】章仲山原著	梁國誠選註
皇極經世真詮—國運與世運	【宋】邵雍	李光浦